武士に「もの言う」百姓たち

裁判でよむ江戸時代

渡辺尚志

草思社文庫

はじめに

●本書の目指すもの

本書は、訴訟・裁判という切り口から、江戸時代の百姓と武士の関係について考えてみようとするものです。

今日、テレビ番組や時代小説で江戸時代が取り上げられるとき、その主役はたいてい武士か町人です。徳川家康や水戸黄門（徳川光圀《みつくに》）ら著名な武士や、江戸町人の華やかな暮らしにスポットが当てられることが多いのです。けれども、実は江戸時代の人口の8割は百姓でした。したがって、百姓を語らずして江戸時代を語ることはできません。本書は、その百姓を主人公にするものです。

皆さんは、江戸時代の百姓について、どんなイメージをおもちでしょうか。武士に専制的に支配されてモノも言えず、収穫物の大半を年貢に取られて、食うや食わずの生活に苦しんだあげく、我慢の限界に達すると百姓一揆をおこして弾圧されるといったイメージではないでしょうか。あるいは、質朴ではあるが学問・教養とは無縁で、悪代官と結託した御用商人に手もなくだまされ悲嘆に暮れる存在といったものでしょうか。たしかに、これらのイメージはテレビの時代劇などでおなじみのものです。

これまでは、当時の為政者が言ったという、「百姓は生かさぬよう、殺さぬよう」「百姓と胡麻《ごま》の油は絞れば絞るほど出るものなり」などの言葉が実態を表すものとされてきました。

しかし、こうしたもの言わぬ悲惨な民としての百姓像は、実態からはほど遠いと言わざるを得ません。実際の百姓たちは、自らの利益を守るためには積極的に訴訟をおこし、武士に対しても堂々と自己主張をしていたのです。そうした「もの言う民」としての百姓の姿を明らかにして、従来の百姓像を転換したいというのが、本書の大きな目的です。

私は、これまで数十年間、江戸時代の村と百姓についての研究を続けてきました。本書は、その成果のうえに立って、百姓と武士の関係にまで視野を拡げようとするものです。百姓を語らずして江戸時代を語ることはできませんが、百姓だけでは江戸時代を語れないのも事実だと思うからです。武士や町人、宗教者・芸能者など、多様な身分への目配りが必要なのです。

とりわけ、江戸時代の政治と軍事を掌握していた武士との関係は重要です。百姓と百姓の「下から目線」に立つというのが、本書の基本的立場であり、大きな特徴です。かたちを明らかにしようとするものです。その際、武士の「上から目線」ではなく、武士の関係が、江戸時代の社会の骨格を形づくっていたのです。本書は、その骨格の

●江戸時代の百姓と武士の関係

はじめに、江戸時代の百姓と武士について、私の考えるところを簡単に述べておきましょう。

まず、百姓とか武士というのは身分呼称です。武士は城下町に住んで政治と軍事を職業とし、百姓は村に住んで農・林・漁業のほかに商工業も営んでいました。このように、両者は身分・居住地・職業において違いがあり、身分的には武士が百姓の上位にありましたが、一面ではともに自らの職分を全うし、なすべき義務を果たすことで国家に貢献するという点においては共通していたのです。

すなわち、武士には武力によって平和を維持し、百姓を慈しむ政治（仁政《じんせい》）を行なう義務がありましたし、百姓には武士を養う食糧を生産し、大規模な土木工事や国家的な行事に労働力や金銭を供出する義務がありました。

武士は、百姓の生活が成り立つよう、治安を維持し、百姓の生産・生活基盤を整備

してはじめて、百姓から年貢や諸役《しょやく》（百姓の提供する労働力や金銭）を取り立てることができました。武士は武士の義務を果たさなければならなかったのです。武士の支配は一方的・強圧的なものとばかりはいえず、百姓の同意を得てはじめて成り立つものでした。

そして、百姓は、自らに与えられた責任と義務を果たしていれば、国家の不可欠な構成員として尊重され、生命・財産についての保護を受け、また利害を主張できたのです。百姓が武士の政治に対してさまざまな政策提言をして、それが採用されることも多くなりました。当時の人口の多数を占めた百姓の世論が、武士が行なう政治のあり方を根本のところで規定していたのです。百姓は、けっして「もの言わぬ民」ではありませんでした。

江戸時代も後になればなるほど、民間では諸産業が発達して富が蓄積されていきました。しかし、武士は増大する富をほしいままに収奪することなどできませんでした。民富が蓄積されるにつれて百姓たちの生活水準は向上し、庶民文化も発展していったのです。

また、百姓と武士は異なる身分でしたが、両者はまったく断絶していたわけではなく、相互に流動性がありました。戦国時代以前から続く由緒正しい百姓には武士と同様の特権（公式に苗字《みょうじ》を名乗ったり、2本の刀を差すことなど）が認められることがありましたし、江戸時代後期には経済力や行政能力を評価されて武士に取り立てられる百姓も増えました。

そして、もうひとつ念頭に置いておきたいのは、百姓と武士は個人同士で関係をもっていたのではないということです。百姓は村という集団に属し、村を通して武士と向き合っていましたし、武士も幕府や藩という組織体の一員として百姓に接していました。本書のなかでも、村と藩という2つの組織が重要な意味をもっています。

●なぜ「訴訟・裁判」に着目するのか

以上のことをふまえて、本書では訴訟と裁判に焦点を合わせます。その理由は、次のとおりです。

江戸時代には、武士の多くは城下町に住み、百姓は村に住んでいました。居住空間が別だったのです。したがって、毎年の年貢の賦課《ふか》や法令の伝達などは文書で行なわれていました。ですから、百姓と武士がじかに接する機会は、そう多くはありませんでした。

その少ない機会のひとつが、訴訟・裁判の場でした。裁判では、原告・被告の百姓たちがお互いに自己主張し合い、武士がそれを裁きました。その過程で、百姓と武士の間で交わされたさまざまなやりとりを丹念にみていくことで、武士に従属する百姓という従来のイメージとは大きく異なる両者の関係がみえてくるでしょう。

18世紀に、田中丘隅《たなかきゅうぐ》という人がいました。川崎宿《しゅく》（現神奈川県川崎市）の名主《なぬし》から幕臣に登用された農政家です。彼は、著書『民間省要《みんかんせいよう》』のなかで、「百姓の公事《くじ》（訴訟・裁判）は、武士の軍戦と同じである。その恨みは、おさまることがない。武士は戦においてその恨みを晴らすが、百姓は戦はできないので、法廷に出て命がけで争うのである。国土を賭けた軍戦と同様に、国を動かすほどの大きな公事も、その多くはただひとりの心の内からおこるものである」と述べています。百姓にとっての訴訟・裁判は、武士の戦に匹敵する必死の争いだったのであり、ときにはそれが一国を動かすほどの影響を与えることもあったのです。

百姓は裁判に勝つために、武士にありったけの自己主張をします。それを裁く武士の側も、原告・被告双方を納得させられる妥当な判決を下さなければ、支配者としての権威を保つことはできません。そして、両者ともに全力を尽くすなかで、それぞれの本音が否応なく表れてきます。そこからみえてくる百姓と武士の関係はいったいどのようなものなのか、それが本書のテーマです。

以下の本論では、まず第一部で、江戸時代の訴訟・裁判の概要についてお話しします。続いて第二部で、信濃国《しなののくに》（現長野県）の大名である松代《まつしろ》藩真田《さなだ》家の領内でおこったひとつの訴訟を取り上げて、その経過をくわしくみていきます。

この一件は、村の名主を誰にするかという問題に端を発して、村財政の不正疑惑追及へと展開していきます。そして、村のなかだけでは収拾がつかずに、松代藩による裁判となりました。そこでは、証人尋問《じんもん》、証拠調べ、和解の試みなどがなされるとともに、原告・被告双方は自らの利益を賭けて、互いに主張をぶつけ合い、ときには突然前言を翻《ひるがえ》したりしました。裁判の裏面でも、さまざまな駆け引きがなされていました。そうした過程の全体を、つぶさにみていきたいと思います。

なお、本書で松代藩を対象に選んだのは、訴訟・裁判に関する史料がたいへん豊富に残されているからです。しかし、本書の事例はけっして特殊なものではなく、訴訟・裁判のあり方はほかの藩でも多かれ少なかれ共通していました。

たったひとつの訴訟という小さな窓からでも、江戸時代における百姓と武士の関係の特質という大きな問題がみえてきます。それでは、早速本論に入っていくことにしましょう。

武士に「もの言う」百姓たち　目次

第一幕　名主の選挙をめぐり、義兵衛《ぎへえ》派と弥惣八《やそはち》派が激突　67

第三幕　明るみに出る、義兵衛派の村財政私物化　145

第一部

江戸時代の「訴訟と裁判」とは

1　江戸時代の法と裁判

●武士の判決に誤りはなし

第一部では、まず、江戸時代の訴訟・裁判についての概要をご紹介したいと思います。江戸時代の訴訟・裁判は、現代のそれとはかなり違っていました（以下の記述は、小早川欣吾・平松義郎・大平祐一・石井良助・石井紫郎各氏の研究による）。

まず、江戸時代には、「訴訟する権利」という観念はありませんでした。裁判はあくまで領主が民衆に与える恩恵であり、その判決は民衆がありがたく頂戴して、それに服従すべきものとされていたのです。民事訴訟は、本来武士が裁くようなものではなく、民間で解決すべきものと考えられていました。

一般的に、江戸時代の訴状は、「恐れながら……願い上げたてまつり候《そうろう》」という言葉から書き始められています。「恐れ入りますが……（訴訟の審理を）お願い申し上げます」という意味です。ここからわかるように、江戸時代の庶民は、紛争の解決を領主に要求する権利をもっているわけではなく、庶民の訴訟は「お上《かみ》の手を煩わす」ものとされていました。領主が訴訟を受理することは、領主の義務ではなく、お慈悲だったのです。

けれども、こうした建前にもかかわらず、百姓たちは武士たちが辟易《へきえき》するくらい多数の訴訟をおこしました。百姓たちは、「お上の手を煩わす」ことを恐れはばかってばかりはいなかったのです。

また、江戸時代の裁判は一審制で、いかなる判決であっても、ひとたび下ればそれは絶対的なものでした。武士の下した判決に誤りはないと考えられていたのです。庶民の前では、武士たちは一枚岩の結束を示すとともに、「お上はすべてお見通しである」という全知性と無謬《むびゅう》性を貫かねばなりませんでした。

ですから、判決に不服で再審を求めるなどということは、お上のご威光を恐れざる所業であり、武士の権威をないがしろにするものだとされたのです。例外的に再審理となることもありましたが、控訴・再審の可能性を前提に上級裁判所が置かれるというようなことはなかったのです。

江戸時代の裁判は、非公開でした。今日では、裁判の公平と適正を期するために傍聴が認められていますが、江戸時代には傍聴など認められていなかったのです。武士が行なう裁判にはそもそも誤りなどあり得ないとされていましたから、傍聴によって公平と適正を期する必要などそもそもなかったのです。

●三権分立は存在せず

江戸時代においては、今日のような三権（立法・行政・司法）分立の体制は存在しませんでした。幕府の最高裁判機関は評定所《ひょうじょうしょ》と呼ばれ、その構成員は老中・寺社奉《ぶ》行《ぎょう》・町奉行・勘定奉行でした。各奉行はそれぞれ単独でも裁判を行ないましたが、評定所では各奉行単独では裁けない事案を扱いました。

寺社・町・勘定の三奉行は、全員が自ら政策を決定する（立法）とともに、それを実行する（行政）立場でもありました。そして、さらに彼らは、将軍・老中のもとで、政務のかたわら裁判にも携わった（司法）のです。立法・行政・司法を兼務していたわけです。

ただ、奉行の下役の実務官僚（評定所留役《とめやく》など）が法令や判例を熟知しており、彼らがその専門的知識にもとづき老中や奉行らの諮問《しもん》に答えることで、裁判を下支えしていました。この評定所留役などは、司法官僚に近い存在だったといえるでしょう。

こういった状況でしたから、法廷において、裁判官・検察官・弁護人の役割分担もありませんでした。奉行所が、捜査・逮捕・取調《とりしらべ》・審理・判決のすべてを担当していたのです。

ただし、裁判に臨む庶民に、裁判や法に関する知識を教えたり、提出文書の作成を代行したりする「公事宿《くじやど》」と呼ばれる者が民間に存在しました。彼らは、一面、今日の弁護士に似ています。

しかし、彼らはあくまで裁判に関する助言者にとどまり、法廷での弁論活動は認められていませんでした。したがって、江戸時代には、訴訟代理人、専門的法律家としての弁護士は存在しなかったのです。

●法令は「御法度」が中心で、内容は明かされず

江戸時代の法令、すなわち法度《はっと》の内容は、命令・禁止事項が大部分でした。現代でも、「御法度《ごはっと》」といえば、やってはならないことを指すのはここに由来しています。また、法度に違反した場合の刑罰は庶民には具体的に示さないのが普通で、裁判規範（裁判に関わる法規定）は部外秘とされていました。

幕府の裁判規範の代表的なものは、「公事方御定書《くじかたおさだめがき》」です。「公事方御定書」とは、寛保2年（1742）に成立した幕府の基本法典で、上・下巻に分かれ、上巻には司法・警察に関する法令81か条、下巻には刑事判例103か条が収録されています。これらは、刑法・刑事訴訟法に該当するものです。下巻だけを、「御定書百箇条《おさだめがきひゃっかじょう》」とい

います。

「公事方御定書」は、諸大名の法典にも影響を与えました。本書の第二部で取り上げる松代藩でも、文政8年（1825）に、「公事方御定書」を模して「御仕置御規定《おしおきごきてい》」という法典を定めています。「公事方御定書」や「御仕置御規定」は秘密法典でした。

今日では、罪刑法定《ざいけいほうてい》主義がとられており、いかなる行為が犯罪にあたるか、またどんな罪を犯せばどんな刑罰が加えられるかは、あらかじめ法律によって定められています。

しかし、江戸時代はそうではありませんでした。罪を犯した際の刑罰を秘密にすることによって民衆を威嚇《いかく》し、犯罪防止効果を狙ったのです。罪を犯せばどのような苛酷な刑罰に処せられるかわからないという不安と恐怖が、民衆を犯罪から遠ざけると考えられたのです。

こうした考え方の背景には、「民は由《よ》らしむべし、知らしむべからず」（人民には武士による政治を頼らせればよい、その内実を知らせる必要はない）という儒教の政治理念がありました。

●秘密法典の内容は、じつは庶民に知られていた

しかし、こうした建前と実態は異なっていました。高橋敏氏の研究によれば、次のような事例がありました。

嘉永2～5年（1849～1852）にかけて、富士山の東麓にある御宿村《みしゅくむら》（現静岡県裾野《すその》市）の名主湯山吟右衛門《ゆやまぎんえもん》は、やっかいな事件に巻き込まれました。博打《ばくち》打ち同士のトラブルにからんで、村内で殺人事件が発生し、その後始末に奔走させられたのです。吟右衛門は、その裁判の過程で何度も江戸に出向きました。

そして、嘉永3年5月に、江戸の公事宿山城屋《やましろや》弥市《やいち》の所で、「御定書百箇条」を書き写しているのです。公事宿とは、訴訟・裁判のために江戸に出てきた者を宿泊させるとともに、訴訟手続きなどの補助をすることを公認された者たちです。

「御定書百箇条」を含む「公事方御定書」は、一般には公表されない秘密法典で、それをみることができたのは、幕府の要職者や一部の裁判担当役人に限られていました。しかし、それはあくまで建前上のことで、この場合には、公事宿山城屋が幕府役人から借りて写し取り、さらに山城屋から吟右衛門が借りて写しているのです。

表向きは極秘の刑法典が、実際には民間にも知られていたのです。どのような罪を犯せば、どんな罰に処せられるのか、知りたいのが人情です。そうした人情に裏づけられて、「御定書百箇条」は静かに流布していったのです。

2　刑罰の実態

●刑事裁判の「吟味筋」と、民事裁判の「出入筋」

現代の裁判は刑事と民事に大別されますが、江戸時代には刑事裁判を「吟味筋《ぎんみすじ》」、民事裁判を「出入筋《でいりすじ》」といいました。ただし、出入筋において刑罰を科すこともあったので、出入筋は刑事裁判の性格も兼ね備えていたといえます。

そしてもうひとつ、吟味筋と出入筋のほかに、行政上の諸問題について当局に嘆願する訴願《そがん》（願筋《ねがいすじ》の訴訟）がありました。

吟味筋は、社会秩序維持の観点から、領主の権限によって裁判手続きが進められます。殺人などの犯罪を放置することは、統治上許されないからです。そのため、訴えがなくても立件されて裁判が開始されるのであり、この点は今日の刑事裁判と同じです。

これに対して、出入筋は民間の私的な紛争に関わるものであり、訴えがなければ裁判は開かれません。江戸時代には、こうした民間の紛争は、本来当事者間で解決すべきものであり、領主はとくに請われた場合にのみ、「お慈悲」として恩恵的に裁判を行なうものとされていました。そのため、当事者はできるだけ早く和解して法廷を去るべきものとされ、領主は「内済《ないさい》」（和解）を推奨し、ときにはそれを強制しました。

吟味筋においては、自白が重視されたことが特徴です。物的証拠があっても、自白がなければ有罪にはできませんでした。逆に、自白さえあれば、物的証拠がなくても有罪にできたのです。その点、今日とは逆でした。ですから、担当の役人は被疑者から自白を引き出すことに躍起になり、自白を得るためには拷問《ごうもん》も行なわれました。

出入筋のなかには、「金公事《かねくじ》」と「本公事《ほんくじ》」の別がありました。金公事は無担保の金銭貸借に関する訴訟で、それ以外はすべて本公事とされました。ですから、本公事の範囲は広く、土地などを担保にしての金銭貸借から、地所の境界争い、村の仕来《しきた》り破りをめぐる争い、家督相続や小作料・奉公人給金をめぐる争いなど、多様なものが含まれました。本書で取り上げる松代藩領の事件は、この本公事に該当するものです。

●苛酷な刑罰——磔、火あぶり、のこぎりびき

江戸時代の刑罰の目的は、死刑・島流しなどによる犯罪者の排除、一般人への威嚇による犯罪の未然防止、被害者の復讐《ふくしゅう》心を満たすことなどにありました（以下の記述は、ダニエル・V・ボツマン氏の研究による）。

江戸時代の刑罰は、残酷なものでした。死刑も、刀で死刑囚の首を斬る通常の死罪だけでなく、磔《はりつけ》・火あぶり・鋸挽《のこぎりびき》などがありました。

磔は、磔柱に囚人を縛りつけてから柱を立て、2人の死刑執行人が鎗《やり》で突いて死刑を執行するものです。これは、刑場で、衆人環視のなかで行なわれました。

火あぶりは、立てた柱に縛りつけた罪人の回りに、茅《かや》や薪《まき》を積み上げて火をつけ焼き殺すものです。

鋸挽は、戦国時代には実際に罪人の首を鋸で挽き殺したのですが、江戸時代には形式化して、特定の場所で晒《さら》し者にした囚人の傍らに鋸を立てておくだけになりました。囚人の肩を切って、その血を鋸につけておくこともありました。ただし、これだけでは死刑にならないので、こうして晒したうえで、さらに磔にしたのです。

このように、江戸時代の刑罰制度は、現代のわれわれの目から見るとたいへん残酷なものでした。ただし、この残酷さの一方には、別の側面もありました。幕府は、こうした厳罰を設けて庶民を脅す一方で、実際の運用過程では特別の恩赦《おんしゃ》を行なうなど一定の手加減を加えていたのです。こうして「お上のお慈悲」を示すことにより、幕府と役人は庶民から感謝され、その権威は高まりました。

厳罰と手加減を組み合わせることにより、幕府は厳罰で脅して権威を高める一方、実際には役人が融通をきかせて、法を手加減し、慈悲を示すことでも権威を高めることができたのです。残酷な刑罰があったからこそ、幕府の役人たちは、少し法を曲げて手心を加えるだけで、自らの慈悲深さを容易に示すことができました。

厳罰は、武士を恐怖の圧制者としたのではなく、民衆の慈悲深い守護者とすることに役立ったのです。こうして、江戸時代の刑罰制度はそれなりに民衆に受け入れられて、幕末まで続いていくことになりました。

●身分によって刑罰の重さは変わった

江戸時代は身分社会であり、裁判のあり方にも身分秩序が反映していました。たとえば、松代藩の「御仕置御規定」では、「藩士と百姓・町人との訴訟で理非が五分五分の場合は、双方の身分差を考慮して、藩士七分、百姓・町人三分の割で、藩士に有利に判決を決めるべし」と定められていました。争いとなれば、身分的に上位の者が有利だったのです。

江戸時代では、一般的に、主君が奉公人や家来を殺しても、比較的軽い罰ですみましたが、逆の場合は「鋸挽」に処せられました。「御定書百箇条」では、奉公人や家来が主君に重傷を負わせた場合、3日間晒《さらし》のうえ磔にされることになっていました。

また、親が子を殺した場合の罰は追放です。しかし、子が親を殺した場合は、江戸市中引き回しのうえ磔にされたのです。同様に、兄姉が弟妹を殺した場合、おじ・おばが甥・姪を殺した場合も、その逆の場合より軽い罰ですみました。

もっとも、武士が刑罰面で、常に庶民より優遇されていたわけではありません。それどころか、武士には身分制の最上位に立つ者として、庶民以上に高い行動規範が要請されており、それに違反した場合には厳罰が科されました。

たとえば、庶民が窃盗で死刑になるのは、盗んだ金品が10両以上（※1）と高額な場合か、罪を重くすべき特段の事情がある場合（累犯《るいはん》〈犯罪を繰り返すこと〉など）に限られましたが、武士の窃盗犯はすべて死刑になるのが通例でした。この場合、武士の刑罰のほうが重くなっているのです。

いずれにしても、刑罰は万人に平等ではなく、身分による扱いの差が厳然と存在したのです。

※1　ここで、江戸時代の貨幣制度について述べておきます。
江戸時代には、金・銀・銭3種の貨幣が併用されました。これを三貨といいます。金貨には大判・小判などがあり、その単位は両・分《ぶ》・朱で、1両＝4分、1分＝

4朱という4進法がとられ、小判1枚が1両となります。

銀貨の単位は貫《かん》・匁《もんめ》であり、1貫=1000匁でした。

銭貨の単位は貫・文《もん》であり、1貫=1000文でした。寛永通宝《かんえいつうほう》など銅銭1枚が1文です。

三貨相互の交換比率は時代と地域によって変動しましたが、おおよその目安として、江戸時代後期には金1両=銀60匁=銭5000〜6000文くらいと考えればいいでしょう。金1両でほぼ米1石《こく》が買えました。

江戸時代の貨幣価値が現代のいくらに相当するかは難しい問題です。日本人の主食である米の値段を基準に考えると（同量の米が、江戸時代と現代とでそれぞれいくらするかを比べます）、金1両=5万5000円、銀1匁=660円、銭1文=9円くらいとなります。一方、賃金水準をもとに考えると（大工など同一の職種の賃金が、江戸時代と現代でそれぞれいくらかを比べます）、金1両=30万円、銀1匁=4000円、銭1文=48円くらいとなります。いずれにしても、これらはあくまでひとつの目安にすぎません（磯田道史『武士の家計簿』新潮社、2003年）。

3　名奉行の条件

●法は「絶対的なもの」ではない

江戸時代においても、裁判にあたる役人は法律や判例に依拠して判決を下しました（ただし、判例が集積されていったのは主に刑事裁判に関してであり、民事裁判については個々の事案が解決すればそれでよしとして、判例の積み重ねはあまりみられませんでした）。しかし、今日の裁判官にとって法律の条文が絶対的な判断基準となるのとは異なり、江戸時代の裁判役人には相当広範な自由裁量の余地が存在していました。

そのため、特定の役人が名奉行としてもてはやされたのです。「大岡越前」や「遠山の金さん（遠山金四郎）」の物語が、その代表例です。名奉行の条件としては、ときには「法」を曲げても「道理」（当時の社会常識に照らして正しいと認められる規範）にもとづいて裁判を行なったことがあげられます。そこに、民衆は共感を覚えたのです。

●大岡政談の「三方一両損」

大岡越前とは、大岡越前守忠相《おおおかえちぜんのかみただすけ》（1677〜1751）のことです。彼は、18世紀前半に、江戸町奉行として活躍しました（以下の記述は、辻達也・石井紫郎両氏の研究による）。

彼の名奉行ぶりを今日に伝える書物が、「大岡政談」です。しかし、そこに収録された逸話のほとんどが、実は彼とは関係のない創作なのです。それらの物語の多くは、忠相の死後間もない18世紀後半にその原型がつくられ、幕末に講釈師によってまとめられたものだといわれています。なかには、インドや中国の故事に出典を求めることができる話もあります。古今の名裁判官物語が、大岡忠相というひとりの人物の事蹟というかたちで集約されたのが「大岡政談」だというわけです。

ここでは、そのなかのひとつ、「三方一両損《さんぽういちりょうぞん》」の話をご紹介しましょう。

江戸に住む三郎兵衛《さぶろべえ》という畳屋が、年末の諸経費にあてるため、金3両を借りて帰る途中、それを落としてしまいました。長十郎《ちょうじゅうろう》という建具屋《たてぐや》が、その3両を拾いました。金と一緒にあった手紙から、落とし主が三郎兵衛だろうと見当がついたので、長十郎は4日も仕事を休んであちこち探し回りました。

そして、ようやく三郎兵衛を探し当てましたが、三郎兵衛は強情者で、「一度落としたものは、所詮我が身につかぬもの。お前さんが拾ったのは天からの授かり物だから、拾い得にしろ」と言って受け取りません。しかし、長十郎も、4日も探し回ったあげくに、受け取れないと言われてはおさまりません。2人は大喧嘩になったあげく、町奉行所へ訴え出ました。

大岡忠相は、事情を聞いて、奇特なことだと感心しました。そこで、「この3両は、幕府の金蔵に納めることにする。そして、あらためて幕府から、2人に合わせて金3両を下さるから、ありがたく2両ずつ頂戴せよ」と言い渡しました。

三郎兵衛・長十郎両人は不審に思い、「1人に2両ずつなら、合わせて4両になりますが、下さるのは3両とのことです。あとの1両は、どうするのでしょうか」と尋ねました。

すると、忠相は、「その方たちの正直さが嬉しいので、私からも1両出す。そうすれば、長十郎は3両拾って2両もらうので、1両の損。三郎兵衛は3両落として2両戻ったから、1両の損。私も、1両の損。これを『三方一両損』という」と言い渡しました。

これを聞いて、一同感服し、ありがたくお請けしたということです。

●支持される臨機応変の解決

「大岡政談」には、江戸城の堀に遊ぶ鴨を誤って殺してしまった、シジミ売りの子どもの話もあります。

法令では厳罰に処せられるべきところ、大岡忠相は、証拠の死んだ鴨をなでながら、「この鴨には、まだ温もりがある。治療を加えよ」と言ったということです。死んだ鴨を生きているとみなすことで、子どもを救ったという話です。

このように、「大岡政談」においては、法令の条文に固執せず、個々の場合に即して臨機応変の判決を下すことが理想とされているのです。

「大岡政談」は創作ですが、確かに江戸時代の裁判のもつ一面を表しています。江戸時代の裁判は、個々の紛争・事件について、それぞれ個別具体的に妥当な解決を図るというところに特徴がありました。したがって、複数の紛争・事件の判決が、相互に矛盾することなく、全体として整合性をもつかどうかには、あまり配慮が払われていなかったのです。普遍性よりも個別性が重視されていたといえます。この点は、民事裁判において、より顕著でした。

しかし、「大岡政談」がもてはやされた背景には、江戸時代も後期になると、裁判（とりわけ刑事裁判）が、法令と判例に依拠してなされる傾向が強まったことがありました。しだいに、裁判制度が整備されていったのです。それは、一面よいことでしょう。担当役人の恣意《しい》的な審理に歯止めがかけられるからです。その反面、法を超えた名判決は生まれにくくなりました。そこで、道理にかなった名判決を望む民衆の気分が、「大岡政談」を生み出したのです。

4 非合法の訴訟——越訴

●なぜ正規の手順で訴えなかったのか

江戸時代には、幕府も大名もそれぞれ裁判権をもっていました。大名は、自領内で自領民がおこした事件については、自らの権限で審理し、判決を下すことができました。

他方、自領民と他領民の間でおこった事件については、大名は裁判権をもたず、幕府評定所の裁判に委ねることになりました。

ただし、幕府に任せる前に、関係する大名同士で話し合って、地元で解決を図る場合もありました。具体的には、民事裁判の場合、被告を支配する領主が、被告を呼び出して、原告側との内済（和解）を勧めたりしたのです。

江戸の評定所での審理となると大ごとです。当事者は江戸への旅費など多額の訴訟費用を負担しなければなりません。また、大名側も、統治の仕方がまずいから訴訟が頻発するのだと、その責任を問われかねません。そこで、大名は、一方で百姓たちの負担を考慮し、他方で自分たちの統治への評価を気にして、なるべく訴訟沙汰は地元で穏便に解決しようとしたのです。

裁判管轄については、ひとつの問題がありました。先述したように、江戸時代においては行政と司法が未分離でした。そのため、幕府領においても、大名領においても、住民は、自らを支配する代官や奉行の不当な行政行為・措置を、その当の代官・奉行に訴えるという、矛盾に満ちた行動をとらざるを得ませんでした。当然、訴えが認められる可能性は低かったでしょう。不当な公権力の行使から人びとを守るという点で、江戸時代の訴訟制度は不十分なものだったのです。

こうした事情が、非合法の訴訟である越訴《おっそ》を生み出す一因となっていました。越訴とは、正規の手順を踏まずに、段階を跳び越して行なう訴訟のことです。たとえば、本来代官に訴えるべきものを、その上役に直接訴えたり、藩領の百姓が、藩を跳び越して、直接幕府に訴訟したりするものです。

越訴は非合法の訴訟形態でしたから、幕府は不受理を基本方針としていました。ただし、ときには取り上げられることもありました。また、越訴は非合法とはいえ、一度行なっただけでは処罰されませんでした。繰り返し越訴を行なったときに、はじめて処罰の対象になったのです。

ただし、このときも、科される罰は過料（罰金刑）や手鎖《てぐさり》（手錠）などの軽いものがほとんどでした。藩領の百姓たちの代表が、直接、江戸城へ登城途中の幕府要人の駕籠先《かごさき》に飛び出して、「恐れながら」と訴状を差し出しても、たいした罪にはならなかったのです。そのため、越訴は実際しばしば行なわれました（本項は、大平祐一・保坂智両氏の研究による）。

●さまざまある非合法の訴訟手口

高橋敏氏が紹介した非合法訴訟の実例をあげてみましょう。

文政11年（1828）、武蔵国多摩郡宇奈根村《うなねむら》（現東京都世田谷区、彦根藩領）の村人4人は、同村の名主に不正横領の行為ありとして、領主に訴え出ました。

その際、彼らは、正規の手順を踏むことなく、江戸の彦根藩井伊《いい》家の屋敷の表門に訴状を貼りつけるとともに、同内容のものを、向かいの福岡藩黒田《くろだ》家の屋敷の裏門にも貼りつけました（張訴《はりそ》）。

また、幕府寺社奉行所の門前に、わざと訴状を落としておきました。これは捨訴《すてそ》といって、寺社奉行所の役人に拾って読まれることを予期した行動です。次に、人を頼んで、幕府の大目付《おおめつけ》（老中のもとで大名を監視する役職）役所に駆け込ませ、役人に訴状を無理矢理受け取ってもらいました（駆込訴《かけこみそ》）。これらは、いずれも非合法の訴訟活動です。

さらに、幕府の評定所に箱訴《はこそ》までしています。箱訴とは、目安箱《めやすばこ》（後述）に訴状を投入することです。

これだけ手の込んだ訴えをした甲斐あって、彦根藩は4人の訴状を取り上げざるを得ませんでした。百姓たちの思い切った行動が成功した事例です。このように、越訴は、可能性が少ないとはいえ成功することもあったので、百姓たちはその少ない可能性に賭けて、しばしば越訴を決行したのです。

●幕府への越訴を決行する

別の事例をあげましょう。松代藩領の仙仁村《せにむら》（現長野県須坂市《すざかし》）に、丹蔵《たんぞう》と平蔵《へいぞう》という百姓がいました。2人は、ほかの村人たちと争い、藩の裁判で敗れてしまいました。そこで、2人は幕府への越訴を決意したのです。

丹蔵らは、文政元年（1818）7月27日に、藩役人のもとに出頭することになっていました。ところが、出頭はせずに、代わりに無断で村を発《た》って江戸へ向かったのです。しかし、藩や村では、彼らがどこへ向かったのかわかりませんでした。

9月には、旅先の2人から村に残る子どもたちに書状が届きました。そこには、「われわれは江戸へ向かったが、途中で平蔵が病気になったため、江戸行きは中止した。代わりに、2人で伊勢参り（伊勢神宮への参詣）をするつもりだ」と記されていました。

しかし、伊勢参りをするというのは偽りで、彼らは当初の予定どおり江戸に出たのです。伊勢参りをするということで、藩や村を油断させ、追及の手が弛《ゆる》むことを期待したのでしょう。手の込んだ偽装工作です。

江戸に出た2人は、水戸藩の家臣の家などに滞在していました。彼らと水戸藩家臣がどのような関係だったのかはわかりません。それでも、彼らが、他藩の武士にまでおよぶ幅広い人脈をもっていたことは確かです。

そして、丹蔵らは、幕府の若年寄《わかどしより》（老中を補佐し、旗本・御家人を監察する役職）林肥《はやしひ》後守《ごのかみ》に、松代藩の裁許《さいきょ》（判決）の不当性を訴え出ました。藩の頭越しに、無断で幕府に訴え出たわけですから、紛れもない越訴です。松代藩内においてはすでに判決は確定していますから、それを覆すには、藩の上に立つ幕府に訴えるしかないわけです。丹蔵らにとっては大冒険でしたが、残念ながらこの訴えは取り上げられませんでした。江戸時代には、上訴（控訴）の制度はなかったからです。それでも、丹蔵らは、制度を超えた幕府の英断を期待して、少ない可能性に賭けたのでしょう。「大岡政談」の世界の現実化を期待したともいえます。そして、結果はともかく、２人が「不当判決」に泣き寝入りせず、敢然と越訴を決行したのは紛れもない事実でした。

5　目安箱と村々の「法」

●全国的に広まる目安箱

江戸時代の民衆にとって、裁判をおこすことは当然の権利として認められてはいませんでした。しかし、実際には、民衆は頻繁に裁判をおこしました。法的権利として確立していなくても、必要があればどんどん裁判に訴えたのです。

一方、領主側も、民衆の訴えを部分的にではあれ積極的に聞こうとする姿勢をみせるようになりました。その代表例が目安箱です（以下の記述は、大平祐一・稲葉継陽両氏の研究による）。

8代将軍徳川吉宗が、享保6年（1721）、享保の改革の一環として、江戸の幕府評定所前に目安箱を設置したのは有名な話です。毎月2、11、21日の3日に限って、目安箱への投書を受け付けたのです。

庶民が訴訟をおこしても、担当役人が取り調べをせずに放置しているときには、担当役人に断ったうえで、目安箱に直訴《じきそ》してもよいとされました。また、諸役人の不法行為を告発する投書も認められていました。

ただし、目安箱は、吉宗の専売特許ではありません。すでに戦国時代には、戦国大名北条氏が、身分を問わず領民からの訴えを聞き、誤りのない裁定を下すために、本拠地の小田原（現神奈川県小田原市）に目安箱を設けていました。実際に百姓がこの目安箱に訴状を投入したことがわかっています。

目安箱に投入された訴状には、北条氏の重臣たちが目を通し、さらに訴えられた側からも返答書を提出させて検討したうえで、裁定を下しました。目安箱の制によって、庶民が戦国大名に直接訴え出ることが可能になったのであり、これは画期的なできごとでした。

また、隣国の戦国大名今川氏も、駿府城《すんぷじょう》（現静岡県静岡市）の門の近くに目安箱を設置して、広く庶民の訴えを受け付けていました。

江戸時代に目を移しましょう。京都では、元和《げんな》5年（1619）以前に、町人が目安箱に投書することを認めています。その後、目安箱はいつしか置かれなくなりましたが、江戸における目安箱設置を契機に、享保7年に再び設置されることになりました。

大坂では享保12年（1727）に、長崎では宝暦3年（1753）に、美濃国《みののくに》（現岐阜県）では正保4年（1647）以前から、佐渡《さど》（現新潟県佐渡市）では享保元年（1716）に、それぞれ目安箱が設けられました。ほかにも、各地の幕府領で目安箱の制がみられました。

諸藩でも、目安箱は設置されています。なかでも、尼崎《あまがさき》藩戸田《とだ》氏が、元和3年（1617）から寛永12年（1635）の間に設置したのが、もっとも早い例です。その後、幕末までに、74の藩が目安箱を設置しています。領主が、民衆の訴えを保障し、また民衆の政治に関する提言を求める動きは全国に広がっていったのです。

●村は秘密裏に「独自の刑罰」をもっていた

江戸時代においては、幕府・大名のみならず、それぞれの村が独自の法をもち、それにもとづく制裁を実施していました。そして、その刑罰体系や裁判は、領主のそれとは異なる独自性をもっていました（以下の記述は、水本邦彦氏の研究による）。

しかし、建前上は領主の法が私的制裁を禁じていたため、村による独自の刑罰の実施は、常に「違法」行為として罰せられる危険をはらんでいました。それにもかかわらず、村の刑罰は領主の法と刑罰体系に抵触しないかたちを巧みにとりながら、厳然と実施されていたのです。一例をあげましょう。

宝暦7年（1757）、丹後国中郡奥大野村《たんごのくになかぐんおくおおのむら》（現京都府大宮町）で、市右衛門《いちえもん》の女房「ふく」が、稲を盗んだ罪で追放刑に処せられました。同村の庄屋《しょうや》（村の代表者。名主・肝煎《きもいり》ともいう）は、それに関して次のように記しています。

10月、市右衛門の女房「ふく」が、干してあった稲を少し盗み、番人に捕らえられた。村中で相談した結果、先例のとおり、村から追放することにした。亭主の市右衛門も同罪となるべきところだが、住み込みで奉公をしており、盗みには荷担していないという釈明が認められ、市右衛門はゆるされた。

「ふく」については、追放後もしばらくは村の戸籍帳簿に記載しておき、彼女の新住所が決まった時点で、転居届を発行することにした。なお、今後けっして村へは立ち戻らせず、村に迷惑がかからないようにする旨の誓約書を、「ふく」の兄弟から提出させた。

これは、追放刑の執行を、領主の目から隠蔽《いんぺい》するための操作でした。つまり、実際は追放なのですが、それが領主に知られてはまずいので、手続き上は一般の転居と同じかたちをとったというわけです。強制追放を、自発的な転居に擬装したのです。「ふく」は、こうした表面上は合法的な措置によって追放され、奥大野村は自らの制裁を合法的な装いで実行したのです。

このように、百姓たちは独自の法と刑罰をもっていましたが、村内限りでは処理できない案件については、領主への訴訟を選択したのです。

6　領地の境界をめぐる村々の争い

●領主の異なる村同士の争いと、藩の動き

江戸時代には、幕府によって、大名同士であれ、村同士であれ、武力を用いた抗争は固く禁じられていました。交戦権は幕府が独占しており、幕府の許可を得ずに武力を発動することはできなかったのです。したがって、大名たちは、戦国時代のように、戦争によって領土を拡大することは不可能でした。しかし、どの大名も、自領を拡張したいという欲求を潜在的にはもっていました。逆に、自領が少しでも減少することに対しては、たいへん神経質になっていたのです。

そうしたなかで、幕府による大名領地の変更（転封《てんぽう》〈大名をほかの地に移すこと〉・加増《ぞう》〈領地を増やすこと〉・減封《げんぽう》〈領地を減らすこと〉）以外に、領域の変更に結びつく可能性があったのが、他領との境界における村同士の領域争いでした。

大名の領地は、領内村々の領域（宅地・耕地・山野）の総和という側面をもっていました。そのため、自領の村が他領の村との争いに負けて、その領域が減少すれば、その村を支配する大名の領地も減少することになります。そして、領主が異なる村同

士の境界争いは最終的には幕府が裁きましたから、そこでの判決しだいでは、幕府のお墨つきによる領域の変更があり得たのです。ですから、藩領の境界地帯における村同士の領域争いには、どの大名も敏感になっていました。

江戸時代には、山野の境界をめぐる領域争いが全国的に多発しました。村々にとって、自村の領域を確保することは非常に重要でした。隣村との境は多くの場合、山や野原になっていましたが、そこは村人たちが肥料・食料・燃料・建築資材など、さまざまな必要物資を入手するための自然の宝庫だったのです。その所有権を守ることは、村にとっての死活問題でした。

領主の異なる村同士が村の境界をめぐって争った場合には、まず双方の村、双方の領主による話し合いによって解決が目指されました。近隣の有力百姓が扱人《あつかいにん》（仲裁者）となって、内済（和解）が図られもしました。それでも解決しなかったときは、当事者の村は、領主の許可状をもらったうえで、幕府の評定所に訴え出ることができました。

評定所での裁判になった場合、村の代表者（名主・庄屋など）は江戸に出向いて裁判に臨むことになります。その際、領主は、自領の百姓に対して、宿泊場所の提供、必要証拠書類の準備、法廷での応答の予行練習、幕府役人への内々の働きかけ・政治工作といった有形・無形の援助を行ないました。また、評定所での裁判の場に、訴訟当事者としての村の代表のほかに、領主の役人が出廷することもありました。「子どもの喧嘩に親が出る」といったところでしょうか。

●事例①　会津と越後の山争い

以下に、幕府の法廷に持ち込まれた事件のいくつかをご紹介しましょう（八鍬友広氏の研究による）。まず、東北・信越における山争いを取り上げます。

寛永19年（1642）に、陸奥国会津《むつのくにあいづ》郡《ぐん》（現福島県）と越後国魚沼《えちごのくにうおぬま》郡《ぐん》（現新潟県）との国境地帯にある上田銀山の帰属をめぐって、陸奥国7か村と越後国6か村との間で争いがおこりました。双方とも、銀山は自国（陸奥国ないし越後国）の領域内にあり、したがって自分たちに開発の権利があると主張したのです。国境線の位置をめぐる争いでした。当時、陸奥国7か村は会津藩加藤氏領、越後国6か村は高田藩松平氏領でした。

この争いは現地では解決がつかず、幕府の法廷に持ち込まれました。このとき、越後側の村々の代表者は、江戸に着くとまず高田藩の江戸屋敷に出頭しています。そして、高田藩から、江戸滞在中の宿と、彼らが江戸で消費する米・味噌・薪《まき》などを支給されています。

また、幕府に提出する訴状は、百姓たちが書いたのではなく、高田藩の家老が口述した内容を右筆《ゆうひつ》（文書作成係の藩役人）が書き留めるというかたちで作成されています。さらに、村々の代表者は高田藩の役人にともなわれて幕府の勘定奉行に面会し、直接事件に関して陳情しています。会津藩も、同様に自藩領村々のバックアップをしたものと思われます。

このように、表面上は百姓同士の争いというかたちをとりながら、裏ではそこに藩が深く関与していたのです。鉱山開発は、成功すれば地元に莫大な利益をもたらします。地元村々のみならず、藩にとっても大きな利益になります。したがって、藩としても、自藩領の村々に勝訴してもらわなければなりません。藩が、自領村々にさまざまな支援をした背景には、こうした事情があったのでした。

そして、このときに作成・提出された会津側村々の訴状と、それに対する越後側村々の返答書は、のちに子どもたちの学習教材として、会津側・越後側双方の村々に流布していきました。

●事例② 越後と信濃の山争い

次は、信越の事例です。寛文10年（1670）に、越後国魚沼郡羽倉村《はくらむら》（現新潟県中魚沼郡津南町《つなんまち》、高田藩松平氏領）と信濃国水内郡森村《みのちぐんもりむら》（現長野県下水内郡栄村《しもみのちぐんさかえむら》、飯山《いいやま》藩松平氏領）が、両村の境界が山の中のどこにあるかをめぐって争いました。両村とも、係争地の山は自村の領域内だと主張しました。これは、領主の異なる村同士の村境をめぐる争いであると同時に、越後と信濃の国境争いでもありました。

争いは、まず係争地において、森村の百姓が松を伐採しているのを発見した羽倉村側が、森村に抗議したことから始まりました。その後も森村の百姓による伐採が続いたので、羽倉村側では、森村の百姓が伐採

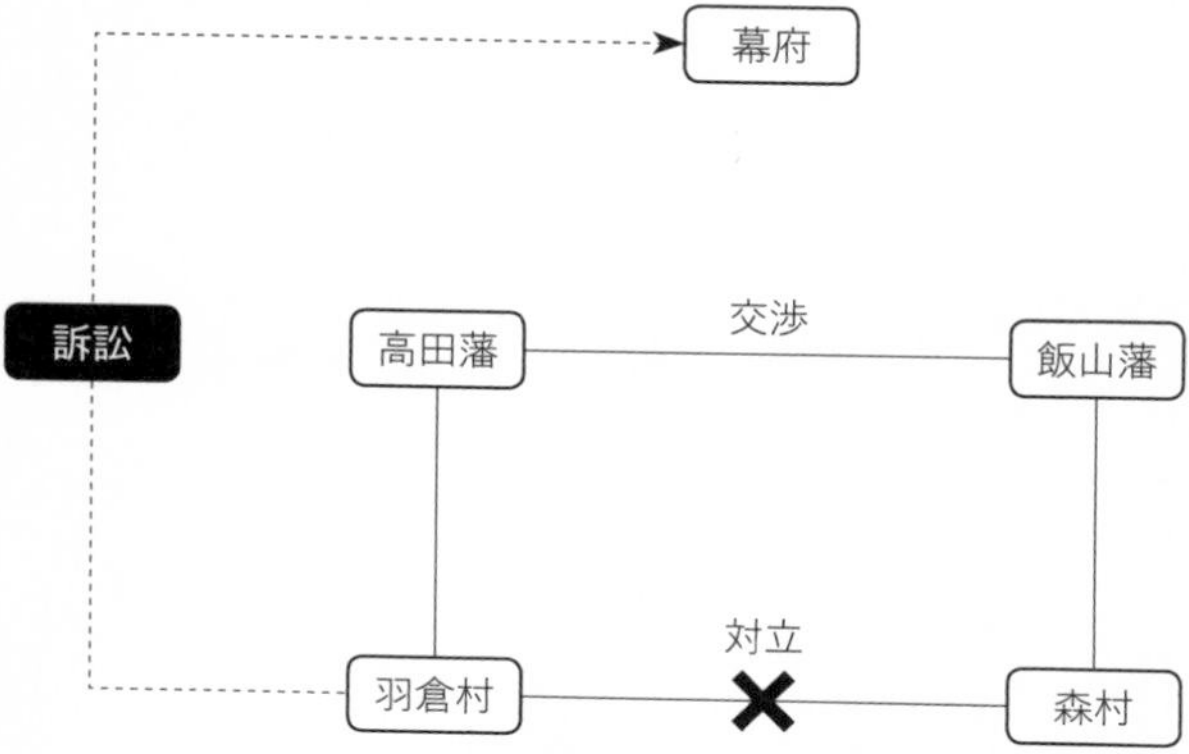

山争いをめぐる関係

に用いた鉈《なた》や伐採された木材を証拠品として押収しました。

森村側はこれに反発し、ついに両村の百姓による暴力の応酬にまでエスカレートしました。近隣の村々も、それぞれどちらかの村の後押しをしたため、争いは大がかりなものへと拡大していきました。しかし、こうした実力行使によっては問題は解決しませんでした。

そこで、寛文12年（1672）に、羽倉村側は領主である高田藩に訴え出ました。それを受けて、高田藩は、森村の領主である飯山藩と交渉しましたが、そこでも解決にいたらなかったため、ついに羽倉村は幕府の評定所に訴え出たのです。この場合も、村と領主は連携して、事に当たっているのです。

このときに羽倉村が提出した訴状と、それに対する森村の返答書は、先に述べた上田銀山をめぐる争いの場合と同様に、子どもたちの学習教材として、越後・信濃両国内に流布していきました。それだけでなく、これらの文書は村役人の執務手引書にも収録されて、業務の参考にされています。

●訴訟のテクニックを学習する百姓たち

このように、大規模な訴訟の際に作られた文書が、当事者の村だけでなく、次から次へと書き写されて、広い範囲の村々に流布していった背景には以下のような事情がありました。

戦国時代までは、村々は自力で自村の領域を守っていました。そこでは、村同士の話し合い、近隣の有力者の仲介を得ての交渉、ときには武器をもっての実力行使など、さまざまな手段がとられました。

それが、江戸時代に入ると、泰平の世のもと実力行使が禁止される一方で、幕府・領主への訴訟が紛争解決手段としてきわめて大きな意味をもつようになりました。訴訟に勝てなければ、自村の領域を維持できない時代になったのです。

そして、訴訟においては、自らの主張を理路整然と述べる能力や、相手の主張を論破する論理性など、多様な知識・技術・能力が求められました。しかし、江戸時代前期の17世紀においては、百姓たちはまだまだ訴訟には不慣れでした。訴訟の経験は乏しく、参考にすべき先例も多くはありませんでした。

そうしたなかで、17世紀におこった大規模な訴訟の際に作成された訴状や返答書は、貴重な実例・先例となったのです。そこに、これらの文書が次々に書き写されて、広範囲に流布していった理由がありました。

とりわけ、村役人たちは、いったん訴訟となれば、村人たちの代表として中心的な役割を果たさなければなりませんでした。訴訟に勝てばその功績がたたえられ、負ければ責任を問われました。そのため、いざ訴訟というときに備えて、過去の実例を学び、訴訟実務に習熟しておく必要があったのです。

また、村の子どもたちにも、将来の村役人候補として、早いうちから訴訟関係文書に慣れ親しんでおくことが求められました。そのために、こうした文書が学習教材に用いられたのです。子どもたちは、こうした教材を使って文字を学ぶとともに、訴訟とは何かをも学んだのです。

●事例③　四国の島の国境争い

今度は、目を四国に転じてみましょう（本項の記述は、杉本史子・高木昭作両氏の研究による）。

四国の西南端の海上に、沖《おき》の島《しま》という小島があります。この島は、伊予国《いよのくに》（現愛媛県）と土佐国《とさのくに》（現高知県）との国境にあたっていました。島のなかを国境線が通っており、それによって島民も伊予側と土佐側に分かれていたのです。けれども、国境線の位置については、伊予側と土佐側で微妙に認識が異なっていました。お互いに、自国の領域が少しでも広くなるように、国境を設定しようとしていたのです。

国境線の位置は、双方の島民にとっては漁業権（国境の内側の海は自らの漁業権のおよぶ範囲となります）に関わり、双方の藩（伊予側は宇和島藩伊達《だて》氏、土佐側は土佐藩山《やま》内《うち》氏）にとっては領有権に関わる重大問題でした。そこで、国境の位置をめぐって、明暦2年（1656）から万治2年（1659）にかけて争いがおこり、争いは幕府の評定所に持ち込まれました。

このとき土佐側では、土佐藩の家老野中兼山《のなかけんざん》が江戸に行き、あらゆる人脈を駆使して対幕府工作にあたりました。評定所の動向は兼山には筒抜けであり、それによって兼山は要所に手を打ちました。そのなかには、幕府右筆に依頼して、老中の目を掠《かす》めて判決文に手を加えるという行為まで含まれていました。国境紛争は、百姓を表に立てた藩同士の争いでもあったのです。

また、土佐側は、万治元年以降、沖の島の土佐側庄屋源五郎《げんごろう》の代理として、市右衛《いちえ》門《もん》という人物を出廷させました。市右衛門があざやかな弁論を展開したため、伊予側庄屋の六之進《ろくのしん》は「市右衛門は山内家の奉公人であって、百姓ではない」と再三批判し、抗議のために出廷拒否まで行ないました。

実際、市右衛門は、野中兼山の家臣土居《どい》市右衛門でした。藩主山内忠義《ただよし》が、弁の立たない源五郎に代えて、市右衛門を百姓として出廷させるよう兼山に指示したのです。

百姓同士の争いに武士が表に立つことは認められていなかったため、武士を百姓に擬装させたのです。

境界争いについては、領主ではなく、村役人・百姓が当事者になるのが原則でした。その背景には、「領主は替わるもの、百姓は末代《まつだい》まで替わらないもの」（領主は転封などによって替わるが、百姓は子々孫々までその土地に居付いて替わることがない）という観念がありました。末代まで替わらぬ百姓こそが、境界争いの当事者にふさわしいとされたのです。

以上みてきた国境争いでは、国境をはさんだ双方の百姓と武士がタッグを組んで、自国の利益を確保するために争いました。単純な百姓対武士という構図ではありません。

それに対して、以下の本書の中心部分では、松代藩というひとつの藩を対象に、藩領のひとつの村でおこった百姓同士の争いを取り上げます。その争いを藩がどう裁いたかをくわしく追跡することで、国境争いとはまた違った、百姓と武士の関係がリアルにみえてくるでしょう。

第二部

信濃国の松代《まつしろ》藩真田《さなだ》家文書に残された百姓たちの騒動記

百姓たちが二派に分かれ激突。彼らは何を主張し、それを武士はどう裁いたか。

第一部では、江戸時代の裁判について、その概略をお話ししました。それをふまえて、第二部では、ひとつの訴訟事件を取り上げて、その一部始終を深く掘り下げることで、江戸時代の裁判の実態をリアルに感じていただきたいと思います。第一部を総論とするなら、第二部は各論にあたります。

第二部では、江戸時代後期にあたる文化・文政期（1804〜1830年）に、信濃《しなの》国水内郡南長池村《くにみのちぐんみなみながいけむら》（現長野県長野市）というひとつの村でおこった事件を追跡していきます。この事件は、従来からの村の指導層と、それを批判する村人たちの対立から始まりました。そして、村を二分する大騒動となり、同村を支配する松代《まつしろ》藩の法廷で審理されることになりました。村の財政運営に関わる不正疑惑問題など争点は複雑に絡み合い、形勢は二転三転することになります。その間に、百姓と武士のあいだでは、さまざまなやりとりや駆け引きがなされます。その過程を通じて、江戸時代の裁判がもつ固有の特質と、百姓と武士の関係の具体像がしだいに明らかになっていきます。

なお、第二部の記述は、松代藩主の真田《さなだ》家に伝わった大量の古文書のなかにある、この一件の関連史料にもとづいています。

主要登場人物一覧

●弥惣八派（すべて南長池村の百姓）

弥惣八……頭立《かしらだち》。文政6、7年時の名主《なぬし》候補のひとり。自説を曲げない信念の持ち主
和平……弥惣八派の中心人物のひとり。のち、一時、義兵衛派に転向
寅蔵……弥惣八派の中心人物のひとり
弥八……弥惣八派の中心人物のひとり。酒造業を営み、経済力がある
粂七……弥惣八を支持する小前《こまえ》百姓の代表
七郎治……弥惣八を支持する小前百姓の代表。のち、義兵衛派に転向
音右衛門…弥惣八を支持する小前百姓の代表。のち、義兵衛派に転向

●義兵衛派（すべて南長池村の百姓）

義兵衛……頭立。古役人。文政6、7年時の名主候補のひとり
又左衛門…長百姓《おとなびゃくしょう》。古役人。義兵衛派の中心人物のひとり
喜平太……義兵衛派の小前惣代《そうだい》。義兵衛の親類
久右衛門…頭立。文化9、10年に名主を務めた久右衛門の跡継ぎ

●その他の南長池村の百姓

善右衛門……文化7年に多額の借金を抱えて出奔《しゅっぽん》
甚右衛門……文政4～8年時の名主。両派から批判される
利兵衛……文化9年に「潰《つぶ》れ」となるが、以後も村に居住。彼の蓮証寺からの借金の有無が騒動の最大の争点となる。はじめ弥惣八派、のち義兵衛派に転向
庄左衛門……利兵衛の長男。はじめ弥惣八派、のち義兵衛派に転向
善蔵……利兵衛の次男。はじめ弥惣八派、のち義兵衛派に転向

●他村の者

源之丞……新町村の百姓。文政7年に名主の後任をめぐる争いの仲裁に入る
蓮証寺(住職)……西尾張部村にある蓮証寺の住職。彼の利兵衛への貸金の有無が騒動の最大の争点となる
誠諦……蓮証寺住職の子。彼の証言が裁判の行方を一変させる
長十郎……中越村の百姓。彼の利兵衛への貸金の有無が騒動の争点となる
三郎治……東寺尾村の百姓。一件の立入人《たちいりにん》。義兵衛派の側に立って活動する
文太夫……長沼村の百姓。七郎治の妻の兄

利七………江戸の住人。甚右衛門の家に長期滞在する

●松代藩士

和田十郎左衛門…南長池村の領主
矢野倉惣之進……勘定所役人。文化13、14年に南長池村の再建の指揮をとる
吉沢十助………勘定所役人。文政6、7年に南長池村の名主選挙に関与する
池田良右衛門……勘定所役人。文政6、7年に南長池村の名主選挙に関与する
金井左源太………郡《こおり》奉行
岡嶋荘蔵………郡奉行
望月権之進……郡奉行
岡野弥右衛門……職《しょく》奉行
石倉源五左衛門…職奉行
片岡主計………町奉行
小野喜太右衛門…町奉行

第一幕

名主の選挙をめぐり、義兵衛《ぎへえ》派と弥惣八《やそはち》派が激突

この一件の発端は、村の名主《なぬし》（村運営の最高責任者）を誰にするかということでした。義兵衛と弥惣八という2人の有力候補があがり、村内が二派に分かれて、いずれとも決めかねる状況になりました。義兵衛は従来村運営を中心的に担っていた人物でしたが、弥惣八が、従来の村の財政運営に不正があったとして義兵衛を激しく批判したことから、事態は村財政の不正疑惑問題へと拡大していくことになります。

1 「潰れ」百姓と、村の再建に乗り出す武士

以下、本書の舞台となるのは松代藩領です。そこで、はじめに松代藩について簡単にご説明しておきましょう。

●松代藩とはどんな藩か？

松代藩は、信濃国更級《さらしな》・水内《みのち》両郡を中心に、埴科《はにしな》・高井《たかい》両郡の一部をも領有する中規模の大名でした。元和《げんな》2年（1616）に松平忠昌《まつだいらただまさ》が12万石を与えられて松代に入ってきたことにより、松代藩が成立しました。

その後、元和4年に酒井忠勝《さかいただかつ》が藩主となり、元和8年には信濃国上田《うえだ》から真田信之《さなだのぶゆき》が移ってきました。それから明治4年（1871）の廃藩置県によって松代藩がなくなるまでの約250年間、真田家が10代にわたって松代藩主として統治を行ないました。城は松代にあり、松代城または海津《かいづ》城と呼ばれました。

寛文4年（1664）時点における領内の村数と石高《こくだか》は、水内郡に87か村、3万9869石余、更級郡に67か村、3万5138石余、高井郡に14か村、1万61石余、埴科郡に14か村、1万4930石余、合わせて182か村、10万石でした。この10万石

という数字は、幕府やほかの大名に向けての表向きのもの（表《おもて》高《だか》）であり、実際の石高（内高《うちだか》）はもっと多くて11万5870石余でした。内高は時期によって変動しましたが、その最大値は天保6年（1835）の12万3715石余でした。

領内の全戸数は安政3年（1856）に2万6430戸、全人口は天保5年（1834）に13万6533人でした。

松代藩領10万石の村々は、そのすべてが藩の直轄領（蔵入《くらいり》地《ち》）だったのではなく、一部は家臣たちに知行地《ちぎょうち》として分け与

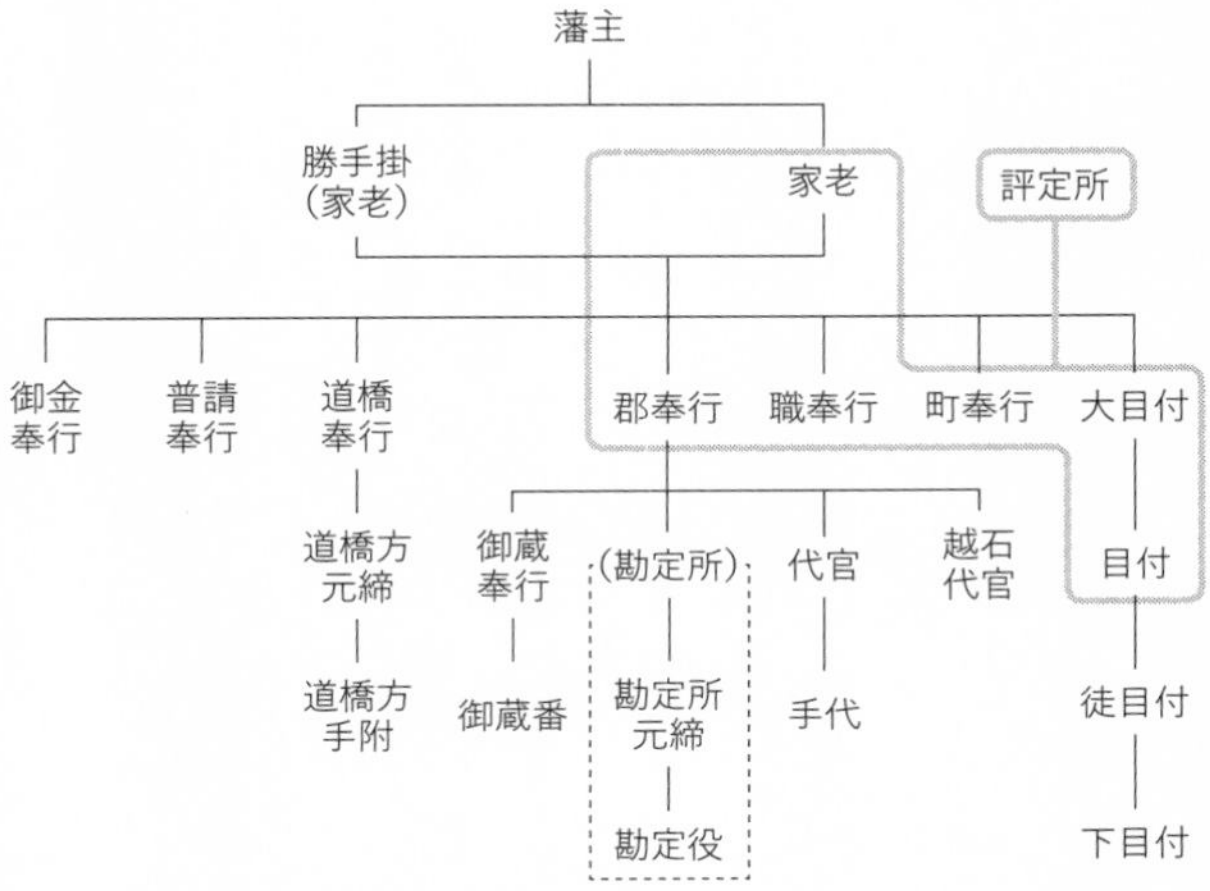

松代藩の職制（概略図）

国立史料館編『信濃国松代真田家文書目録（その4）』127ページの図を一部改変

えられていました。内高のなかに占める蔵入地と知行地の比率をみると、享保年間（１７１６〜１７３６）までは約６対４、寛保年間（１７４１〜１７４４）以降は約８対２でした。蔵入地が増えていったのです。

松代藩士たちは、軍事を担当する番方《ばんかた》と、民政・財政を担当する役方《やくかた》に分かれていましたが、役方のうちでも村々の支配・行政を行なう職制は、家老─郡奉行《こおりぶぎょう》─勘定所《かんじょうしょ》・代官という系列になっていました。

家老は村支配以外にもさまざまな分野の最高責任者でしたが、そのもとで村々の支配を専管する責任者が郡奉行で、定員は４人でした。代官の定員は時期によって４〜８人と変動しましたが、文政８年（１８２５）以降５人となり、代官１人に対してそれを補佐する手代《てだい》が４人ずつ付きました。

●江戸時代の平均的な村とは

江戸時代における全国の村の数は、元禄10年（１６９７）に６万３２７６、天保５年（１８３４）に６万３５６２でした。現在の全国の市町村数は約１７００ですから、単純に平均して１つの市町村に37程度の江戸時代の村が含まれていることになります。現在も市町村の中にある大字《おおあざ》は、江戸時代の村を引き継いでいるケースが多くあります。

18〜19世紀の平均的な村は、村高《むらだか》（村の耕地・屋敷地全体の石高）400〜500石（※1）、耕地面積50町《ちょう》前後（※2）、人口400人くらいでした。江戸時代の村は今日の市町村と比べてずっと小規模でしたから、そのぶんそこに暮らす人びとの結びつきは今日よりもはるかに強いものでした。農作業から冠婚葬祭にいたるまで日常生活全般にわたって、村人同士が助け合い、また規制し合っていたのです。江戸時代の村が共同体だといわれるゆえんです。

以下に取り上げる一件は、信濃国水内郡南長池村《みなみながいけむら》（現長野県長野市）という村でおこりました。同村は、19世紀前半には村高486石余であり、標準的な大きさの村でした。しかし、村高の4分の1近い112石余は、収穫が期待できない土地であるとして恒久的に年貢が免除されていました。用水不足のため農地が荒廃し、農業経営が困難な状況だったのです。

文政12年（1829）の戸数は96戸、慶応4年（1868）の人口は534人でした。真田家の家臣である和田十郎左衛門《わだじゅうろうざえもん》と大熊四郎左衛門《おおくましろうざえもん》が、南長池村の領主でした。真田家の直轄領ではなく、家臣たちに与えられた知行地だったのです。

※1　江戸時代は石高《こくだか》制の社会といわれています。大名・旗本など武士の領地の規模も、百姓の所持地の広狭《こうきょう》や村の規模も、いずれも石高によって表示されたからです。社会を成り立たせる原理の基軸に、石高が据えられていたのです。石高とは、田畑・屋敷地などの生産高（標準収穫量）を玄米の量で表したものです。通常、畑や屋敷地には米は作りませんが、作ったと仮定してこれらの土地にも石高を設定しました。石高は、豊臣秀吉や江戸時代の幕府・大名らが行なった土地の調査である検地《けんち》によって定められました。石高は、容積の単位である石《こく》・斗《と》・升《しょう》・合《ごう》・勺《しゃく》・才《さい》で表示されました。1石＝10斗、1斗＝10升、1升＝10合、1合＝10勺、1勺＝10才となっています。1升瓶が約1・8リットル入りであることは、現在でも日本酒好きの人ならずとも知っています。つまり1石は約180リットルとなります。米1石の重さは約150キログラムです。また、米俵《こめだわら》1俵には、3斗5升から4斗程度の米が詰められました。

※2　江戸時代には、土地の面積を表す単位として町《ちょう》・反《たん》（段）・畝《せ》・歩《ぶ》が用いられました。1町＝10反、1反＝10畝、1畝＝30歩です。1歩＝1坪であり、これは1間《けん》（約1・8メートル）四方の面積です。およそ畳2畳分と考えてください。1畝は100平方メートル弱、1反は1000平方メートル弱、1町は1万平方メートル弱です。

また、ごくおおまかにいって、１反の土地からは１石強の米がとれます。１町の土地からは米10石強ということになります。

●文化10～14年──「潰れ」百姓の続出

先に述べたように、19世紀の南長池村は、耕地が荒廃して困難な状況にありました。そのため、文化10年（１８１３）には、15人の百姓が借金が嵩《かさ》んで経営が行き詰まってしまい、藩に「潰《つぶ》れ」を願い出ました。「潰れ」とは、現代の破産にあたり、財産を処分して、可能な範囲で負債を返済するものです。また、15人はいずれも家を代表する戸主（当主・家長）でしたから、その家族も含めて15戸の家の経営が成り立たなくなったということです。ただし、「潰れ」となるには藩の承認が必要でした。

15戸もの家が同時に破産するというのは大問題です。そこで、藩はすぐには「潰れ」を認めませんでしたが、文化13年冬にも南長池村から再度願ったところ、藩の詳細な審査を経て、今度は「潰れ」が認められました。

それを受けて、15人の親類たちが相談し、彼らの「潰れ」によってほかの村人たちに迷惑をかけないため、文化14年8月（※３）に彼らの財産処分方法について次のような提案をしました。

15人の所持地はいったん村役人（名主など）の管理下に置き、村役人がその土地を小作してくれる人を探して耕作してもらいます。15人の住んでいる家屋も、村役人の手で貸家にします。そして、その小作料や家賃を負債の返済に充てたいと思います。15人の借金は高額なので、それでも負債の完済には足りないと思いますが、その分は他村の親類が出金して埋め合わせることにします。

この提案が認められれば、当人や家族も経営再建のために一所懸命働くでしょうし、われわれ親類も援助しますので、ゆくゆくは負債を完済し、今回村の管理下に置くことになる耕地・家屋も再度15人の手に戻して、村で百姓を続けさせたいと思っています。

こうした親類たちの提案に村役人たちも賛同し、親類と村役人が一緒にこれを認めてくれるよう藩の役人に願っています。

15人が同時に「潰れ」を願い出ていることからわかるように、当時の南長池村では多くの家が経済的に困窮していました。村全体の危機だったのです。そのため、「潰れ」を当事者だけの問題とせず、親類・村役人らが一致協力して、「潰れ」に対処しようとしているのです。

親類たちは、他村に住む者も含めて、負債の穴埋めのために出金するつもりでいます。村役人は「潰れ」百姓の田畑・家屋をいったん自己の管理下において統一的な運用を引き受けています。田畑・家屋をバラバラに売却してしまうのではなく、村役人が一括して暫定《ざんてい》的に管理・運用することで、後日それらを再び15人の手に返しやすいかたちにしておくのです。

そして、「潰れ」とは経営の最終的崩壊ではなく、将来の再興を展望した措置であることが重要です。15人の百姓たちは、いったんは所持地と家屋を村役人に預けますから、その間はほかの家を借りて住み、日雇い・奉公・小作などをして暮らすことになるのでしょう。しかし、彼らはそれで村や農業と縁が切れるわけではありません。将来、負債を完済したあかつきには、元の田畑と家屋を取り戻して、再び南長池村で百姓を続けていくことが想定されているのです。百姓と村・農業との結びつきは、簡単には切れない深い絆でした。

また、今回の措置には藩が深く関わっていることも重要です。南長池村は藩の直轄地ではなく、2人の家臣の知行地でしたから、普段は彼ら2人が藩の代官とも協力しつつ村の支配を行なっていました。しかし、このように村の危機が深まってくると、もはや家臣たちの手には負えません。そこで、藩が直接村の再建に乗り出してきたのです。

松代藩には、藩の財政管理や領内村々の統括を行なう勘定所《かんじょうしょ》という部局がありました。代官よりもさらにきめ細かく、村の立て直しを指導する部局です。文化13、14年には、矢野倉惣之進《やのくらそうのしん》という勘定所の役人が南長池村にやって来て、15人の「潰れ」を認めるとともに、村と村人の財政経済状況を調査して、村全体の再建計画を策定しました。

この時点で、南長池村は一時的に藩の直轄管理下に入り、勘定所役人が直々《じきじき》に村と百姓経営の立て直しを指導することになったのです。ちなみに、藩の直轄管理は文政7年（1824）夏まで続きました。

※3　ここで、江戸時代の暦について、簡単に述べておきましょう。江戸時代の暦は太陰太陽暦《たいいんたいようれき》でした。月の運行をもとにした太陰暦を基本にしつつ、太陽の運行をもとにした太陽暦を組み合わせた暦です。月の運行を基準にすると、新月から次の新月までの1サイクルは平均29・5306日なので、ひと月は29日か30日となります。現代の太陽暦より、ひと月が1日か2日少ないのです。29日の月を小の月、30日の

月を大の月といいます（月の最後の日が晦日《みそか》）。1年は354日でした。

しかし、これでは太陽暦と年に10日以上のズレが生じてしまうので、太陽暦との調整のために、19年間に7回の閏月《うるうづき》をおきました。およそ、3年に1回です。閏月とは、ある月が終わったあとに、もう1回同じ月を繰り返すことです。たとえば、2月のあとにもう1回2月がくるのであり、あとのほうの2月を閏2月といいました。閏月のある年は、1年が13か月あり、1年が383日もしくは384日となりました。何月が閏月になるかは、一定していませんでした。

●善右衛門の苦境――多額の借金を抱え、領内への立ち入りを禁じられる

当時の南長池村の百姓がどのような苦境に陥っていたか、別の例でもう少し具体的にみてみましょう。

同村の善右衛門《ぜんえもん》は、多額の借金を抱えて村にいられなくなり、文化7年（1810）には借金の後始末もつけないままひとり村を離れて、以後はあちこち流浪するはめになってしまいました。借金取りに追われての「夜逃げ」といったところでしょう。彼の借金は、松代藩から155両余、民間から430両、計585両余もあったのです。

ところが、彼は病気になってしまったため、南長池村に戻ってきて、こっそり元住

んでいた家に隠れていました。家族は、善右衛門が家を出たあとも、引き続き村で暮らしていたのです。

しかし、それが文政4年（1821）に藩の知るところとなり、善右衛門は捕縛《ほばく》・投獄され、吟味の結果、領内徘徊《はいかい》禁止を言い渡されて追放されました。今後、松代藩の領内に立ち入ることを禁じられたのです。

それからは、善右衛門は越後国頸城郡《くびきぐん》関川村《せきがわむら》（現新潟県妙高《みょうこう》高市）で暮らしていました。関川村は南長池村から北へ20キロほど、北国《ほっこく》街道の関所が置かれた村で、旅人の通行や人の出入りも多く、よそ者でも移住しやすかったのでしょう。

ところが、元来病身だったところに、単身での他国暮らしがこたえたのでしょうか、病気が重くなってしまいました。善右衛門はそうした窮状を親類たちに伝え、親類たちは善右衛門をなんとか救ってほしい旨を、松代藩の職《しょく》奉行所に訴え出ました。職奉行とは、寺院・神社の統括や、領内の人びとに関する訴訟を扱う役職で、のちに寺社奉行と改称されました。

文政6年5月、職奉行所は、善右衛門が借金の後始末で村人たちに迷惑をかけたことは不届きだとしつつも、特別に善右衛門が松代藩の領内で暮らすことを許しました。ただし、南長池村に住むことは許しませんでした。かろうじて、たまに南長池村に戻ってきて、倅《せがれ》の大吉方《だいきち》に1泊することだけは認められました。それでも、領内立ち入り禁止よりは、よほどましだったことでしょう。なお、善右衛門は、本書でこのあと何回か名前が出てくることになります。

2　ぶつかり合う百姓たち――名主の後任をめぐって

●文政6年1月～同7年5月――名主の座を争う、義兵衛と弥惣八

このように村人を取り巻く状況が厳しいさなかに、名主（村の代表責任者）の後任をめぐる問題がもちあがりました。

南長池村の名主役は、文化14年（1817）以降は1年任期（2月から翌年1月まで）で、毎年改選の時期になると、村の戸主たちが投票（江戸時代には入札《いれふだ》といいました）を行なって、高得票を得た者が次の名主に就任してきました。

文政6年（1823）1月に、名主甚右衛門《じんえもん》の後任（任期は文政7年から）を決めるために入札を行なったところ、ともに頭立《かしらだち》を務めていた義兵衛《ぎへえ》と弥惣八《やそはち》が同得票で1

位になりました。頭立とは、村役人を補佐して村運営にあたる藩公認の役職でした。

義兵衛のほうが年長なので、村人たちがまず彼に名主就任を依頼したところ、文化14年に名主を務めてから間がないという理由で断られました。一方、弥惣八は所持地の石高が2石4斗ほどしかなかったため、それを理由に名主就任に反対する者がいて、相談はまとまりませんでした。

そこで、当時南長池村を担当する勘定所役人であった吉沢十助《よしざわじゅうすけ》・池田良右衛門《いけだりょうえもん》に相談したところ、彼らは、「弥惣八の所持地が少ないことを理由に反対する者がいる以上、彼に名主を務めさせるわけにはいくまい。一般的に言って、名主を決めるための入札は、高得票を得た者に無理やり名主役を押しつけることになりがちである。また、所持地の少ない者たちが示し合わせて、自分たちと同様所持地の少ない者に投票を集中して名主に押し上げるということもおこりうるので、なるべく話し合いで決めるのがよろしい」との意向を示したということでした。

吉沢らの意向については、義兵衛を支持する百姓たちが言っていることなので、必ずしも事実だとは断定できません。しかし仮にこれが事実なら、吉沢らは、下層の百姓たちが申し合わせて、下層百姓の代表を名主にすることで、もっぱら上層百姓が名主に就任してきた従来のあり方が混乱することを警戒したのでしょう。

文政6年のうちには後任の名主が決まらなかったため、文政7年1月に戸主たちが集まって相談しました。その寄合《よりあい》（村人たちの話し合い）の席では、義兵衛を名主にすることで話がまとまりました。

日を改めてまた戸主たちが寄合を開き、その場で長百姓《おとな(おさ)びゃくしょう》（後述）の又左衛門《またざえもん》が義兵衛に名主就任を求めたところ、義兵衛が返事をする前に、弥惣八があくまで入札で決めることを主張しました。又左衛門は、吉沢らの意向も受けて、先日の寄合で義兵衛に頼むことに決めたという経緯を説明しましたが、弥惣八が承服しなかったため、義兵衛も反対意見がある以上自分は引き受けられないと断りました。

その後、名主の甚右衛門が再度吉沢らに相談したところ、今度は吉沢らに入札を命じられたということでした。吉沢らが、話し合い路線から入札へと見解を変えた理由はわからないのですが、ともあれ2月5日に改めて入札が行なわれました。しかし、前年の入札同様、やはり票が割れて決着しませんでした。

文政7年5月には、新町村《しんまちむら》（松代藩領）の源之丞《げんのじょう》が仲介に入り、文政7、8両年は義兵衛、同9年は弥惣八が名主を務めるということでひとまず合意が成立しました。対立する2人が前後して名主になるという折衷《せっちゅう》的な解決策ですが、これで事態はひとまず収まったようにみえました。

●文政7年7月――名主就任を反対された、弥惣八の一派の言い分

しかし、長百姓又左衛門、頭立義兵衛ら9名は、文政9年に弥惣八が名主になることにはあくまで反対でした。

彼らは、「これまで弥惣八のような所持地の少ない者が名主を務めたことはない。これが、今後所持地の少ない者が名主を務める前例になるのではないかと心配だ。これは当村の仕来《しきた》りにもはずれており、ゆくゆくは村の運営上の混乱がおこることが懸念される」と主張しました。

そして、彼らは文政7年7月に、当初の吉沢らの意向を拒否して強いて入札を望んだ弥惣八と、そんな弥惣八に投票した者たちを取り調べてほしいと、藩の代官所に願い出たのです（この時点では、勘定所による南長池村の直轄化は終了し、同村は代官所の管轄下に戻っていました）。

これを受けて、同月、代官所から、弥惣八に投票した粂七《くめしち》・七郎治《しちろうじ》・音右衛門《おとえもん》に対してお尋ねがありました。それに答えて、粂七らは、この間のいきさつを次のように説明しています。

（勘定所役人の）吉沢様や池田様から、弥惣八のような所持地の少ない者を入札で選んではいかんと言われたことはございません。これは、弥惣八に頭立を辞職させようとする者たちが、ありもしないことを言い立てているのです。その裏には、次のような事情があります。

南長池村が抱えている負債のうちに、西尾《にしお》張部《わりべ》村《むら》の蓮証寺《れんしょうじ》からの借金36両3分余と、中越村《なかごえむら》の長十郎《ちょうじゅうろう》からの借金29両2分余が含まれているということになっていましたが、これに疑問を抱いた弥惣八が調べたところ、借り入れの事実はありませんでした（※4）。これまで、村人たちは、実際には存在しない借金の返済義務を負わされていたのです。

このようにこれまでの村役人の村財政運営には疑わしい点があるので、今回弥惣八を名主にして村財政を明朗なものにしたいのです。

しかし、弥惣八を忌避する者たちは文政7年5月の合意内容（文政9年には弥惣八が名主になるというもの。81ページ）に従おうとしません。そのため小前《こまえ》（小前百姓。一般の百姓のこと）一同が迷惑しているので、どうか彼らを詮議《せんぎ》してください。また、蓮証寺・長十郎からの借金なるものについては弥惣八らに尋ねていただければ、それが存在しないことがはっきりします。

※4　西尾張部・中越両村とも松代藩領。西尾張部村は南長池村の隣村。

●文政7年8月——村役人の不正を追及する弥惣八派の百姓たち

文政7年8月に、粂七・七郎治・音右衛門の3人は、小前たちの代表として、あらためて代官所に対して、これまでの村役人の不正行為を具体的に訴えています。その内容は、次のとおりです。

①　南長池村の借金のうち、西尾張部村蓮証寺からの金36両3分余と、中越村長十郎からの29両2分余、計66両1分余については、村人の利兵衛《りへえ》らが借りたものとされていますが、実際は借り入れの事実はありません。これまで、村人たちはその分の返済のために出金してきましたが、これはまったくいわれのないことだったのです。

②　村役人たちの説明では、困窮のため村から出て行った善右衛門（77ページ）が滞納していた年貢などが計49両1分余もあるということでした。そして、村人たちは今までそれにまつわる負担をしてきました。しかし、善右衛門の年貢については、実際はすでに完済しており現時点で滞納などないはずです。にもかかわらず、村人た

ちはいわれのない負担をさせられているのです。

ですから、善右衛門の負債を調べた帳簿類を、弥惣八にしばらく預けてください。よく調べてみたいと存じます。①、②（利兵衛の借金と善右衛門の年貢滞納なるもの）の両者が相まって、村人たちの負担が増大しているのです。

③　仕事量が多いという理由で名主の給与が増額され、名主は今では年に金９両２分も受け取っています。そのほかに、諸経費として銭３貫も徴収しています。これは多すぎると思います。

④　藩の用事で松代まで行かなければならないとき、名主は自分では行かずに、村人を自分の「下役」（代理）として行かせます。松代往復の際には、日帰り分の旅費として銀１匁５分が支給されます。しかし、日帰りですむことはまずなく、１泊ないし２泊かかることがほとんどです。１泊すれば４匁余かかるので、その差額は自己負担となり、村人たちはたいへん困っています。

⑤　村役人たちは、村財政関係の諸帳簿を村人たちにはみせません。きっと、みせられない理由があるのだと思います。また、村人が村役人に村運営上の諸経費を納めても、受取書を出してくれません。帳簿については公開するよう、また受取書はきちんと出すよう命じてください。

⑥　村役人たちが、「こうした取り計らいは、以前南長池村を担当された矢野倉惣之進様や吉沢十助様のお指図に従ったものだ」と主張するので、これまでそれに批判的なことを言うのは遠慮してきました。しかし、今回は村人たちの生活の危機ですので、ぜひ取り調べてくださるようお願い申し上げます。

●文政7年9月――村役人派（義兵衛派）の百姓たちによる反論

こうした主張に対して、村役人を支持する村人たちも負けずに反論します。文政7年9月には、小前の喜平太《きへえた》ら3人が、代官所に次のように願い出ました。

文政9年に弥惣八が名主になるということは、自分たちのあずかり知らぬところで決まったことであり、反対です。

弥惣八は2石4斗余しか所持地がなく、それでは足りずに土地を借りて小作しているような百姓であり、その経済力には不安があります。また日ごろの行ないもよくありません。ですから、文政6年1月の入札（79ページ）以降、われわれは弥惣八は名主には不適任だと主張してきたのです。

ところが、文政7年5月に、村役人らと、小前惣代（一般の百姓たちの代表）と自称する3、4人だけで、弥惣八を文政9年に名主にすると勝手に決めてしまったのは、小前たちをないがしろにする行為です。名主の後任については、毎年村の戸主全員が相談して決めるべきです。

また、粂七・七郎治・音右衛門が、村役人たちに不正の取り計らいがあると主張している点については、藩のほうで糾明してください。

小前の分際《ぶんざい》で恐れ多くはありますが、どうか弥惣八を名主にはしないでください。

このように、喜平太らは、弥惣八の名主就任に強く反対しています。小前たちも、村役人批判で一枚岩だったのではなく、なかには村役人を支持する者たちもいたのです。ただし、これには裏がありました（後述）。

同じく文政7年9月に、村役人を支持する久右衛門《きゅうえもん》らも、代官所に次のように訴え出ました。ちなみに、久右衛門は文化9、10年に名主を務めた久右衛門の跡継ぎで、村役人になるような上層の家柄でした。

粂七・七郎治・音右衛門が小前惣代と称して、村役人らが私欲不正の取り計らいをしていると代官所に訴え出ました。私たちの親はすでに死去していますが、過去に名主を務めていたということで、今の村役人ともども今回の糾弾の対象に入っています。しかし、親たちに不正行為はなかったと思います。

とりわけ、困窮して村を出て行った善右衛門らの借財については、以前に南長池村を担当しておられた矢野倉惣之進様が万端処理したのであり、親たちに責任はありません。親たちの不正の有無については、藩のほうでよく吟味してください。

このように、久右衛門らも、親の名誉を守るためもあって、これまで村役人たちに不正はなかったことを強調しているのです。

●百姓に苗字はあったか?

話は少し横道にそれますが、久右衛門の子がやはり久右衛門と名乗っていることについて、一言説明しておきましょう。

江戸時代の百姓たちは、自分の家は自分一代限りのものではなく、祖先からずっと続いてきたもので、かつこれからも永く子孫が継承していくべきものだと考えていました。そして、そうした家の連続性を示す何らかの名称を求めました。

そのような名称として、まず考えられるのは苗字《みょうじ》です。江戸時代の百姓たちは、古文書に「弥惣八」とか「義兵衛」とか下の名前だけで登場することが多いのですが、彼らには苗字がなかったのでしょうか？

実は、江戸時代の百姓たちは、皆苗字をもっていました。それを示す事例として、村の神社に奉納された石灯籠《いしどうろう》の台座に、奉納に関わった村人たちの名前が苗字つきでズラッと並んでいるのを目にすることがあります。

しかし、そうした村内限りの場合は別として、多くの百姓は公的な場で苗字を名乗ることは認められていませんでした。一部の有力な百姓だけが、領主から「苗字御《ご》免《めん》」というお墨つきをもらって、苗字を名乗ることができたのです。そのため、苗字によって、家々を識別するのは困難でした。

また、村内では苗字を名乗れるわけですが、村内に一族で同じ苗字を名乗る家が複数あることも多かったので、やはり別の識別指標が必要でした。

そのため、百姓たちは、家ごとにそれぞれ固有の屋号をつけて、それで各家を識別していました。また、家の当主がその家固有の名前を代々受け継ぐこともありました。親子が、まったく同じ下の名前（たとえば久右衛門）を名乗るのです。つまり、襲名です。家の継承者は、家を継承して当主になった時点で、代々の当主名に改名するのです。名前全体ではなく、名前のうちの1字だけを代々継承することもありました

（勘兵衛の子が勘右衛門と名乗るなど）。

現代でも、歌舞伎や落語の世界では襲名慣行がありますが、江戸時代には一般の百姓の当主たちも、1字だけの襲名も含めて、襲名することが多かったのです。それによって、自分の家とよその家を区別すると同時に、自家の歴史的連続性を明示していたのです。当主の名前は、個人の名前であると同時に、家の名前でもありました。

南長池村で、久右衛門家が親子で同じ名前を名乗っていた背景には、こうした事情があったのです。

3　名主の条件とは何か

●江戸時代の「村役人」とはどういう存在か

ここで、これまでの論点を整理しておきましょう。村内対立の最大の争点は、名主の後任を誰にするかということでしたが、対立の意味を理解しやすくするために、まず江戸時代の村役人について、一般的なことがらをお話しします。

村役人とは村の運営を中心的に担った役職であり、名主・組頭《くみがしら》・百姓代《ひゃくしょうだい》などがありました。

村の最高責任者を、名主または庄屋といいました。近代以降の村長です。関東では名主、関西では庄屋ということが多く、肝煎《きもいり》といった村もありました。名主の職務は、年貢や村の諸経費の計算・割当・徴収・納入、領主からの触《ふれ》の伝達、村人からの願い・届けの上申、村内のトラブルの調停など、村運営の全般にわたっており、たいへん重要な役職でした。名主は百姓が就く職で、普通は村の戸主のうちの誰かが就任しましたが、なかには近隣の村の有力者がなることもありました。

名主には、村を運営する行政能力、困窮した小前百姓のために年貢などを立て替えることのできる経済力のほかに、蔵書を村人に貸し出すというような文化面での貢献や、村人の相談に対応できるような農業技術や医学の知識が求められることもありました。

組頭は、名主の補佐役で、年寄《としより》と呼ぶところもありました。百姓代は、名主・組頭の補佐・監視をする役職で、名主・組頭より遅れて、18世紀に一般的に成立しました。名主・組頭・百姓代を村方三役《むらかたさんやく》といいます。

松代藩では、はじめ村の最高責任者を肝煎と称していましたが、明和元年（176

4）に領内いっせいに名主へと名称変更されました。また、松代藩領では百姓代に相当する役職を長《おとな（おさ）》百姓《びゃくしょう》といいました。すなわち、松代藩領では、名主（明和元年までは肝煎）・組頭・長百姓が村方三役だったのです。南長池村では、組頭と長百姓は名主が指名していました。

　さらに、江戸時代中期以降は村役人の行なう業務量が増加したため、村役人の補佐役として頭立《かしらだち》

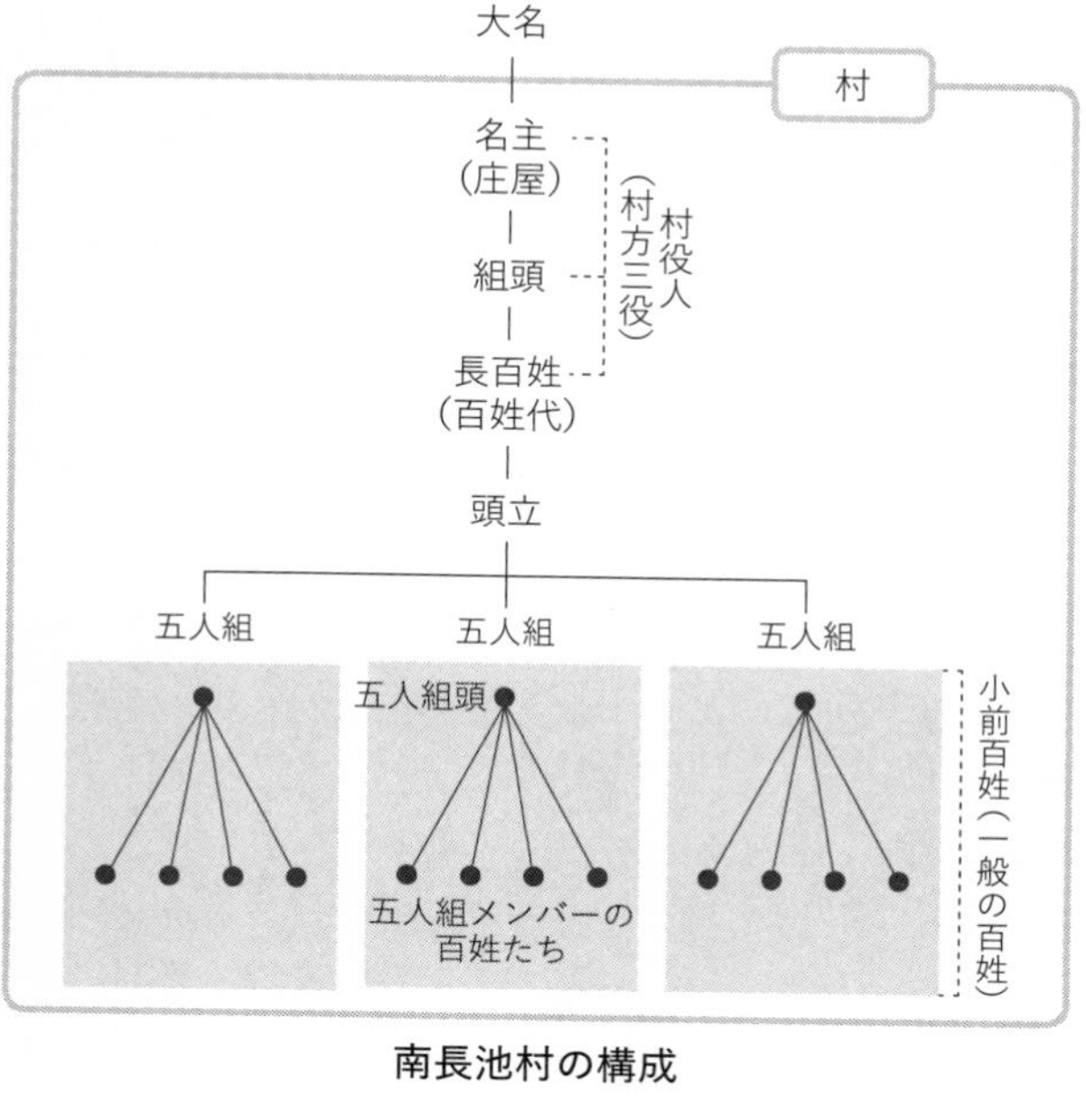

南長池村の構成

が一般百姓（小前）の上層から選ばれて、村役人同様に村運営を担いました。義兵衛や弥惣八も頭立でした。

●名主はどうやって決める?

名主の決め方は村によってさまざまであり、特定の有力な家の当主が代々世襲する村もあれば、何軒かの有力百姓の家で持ち回りにする村もあり、また村人の投票（入札）によって選んだ村もありました。時代が下るにつれて、世襲が減り、投票が増える傾向にありました。南長池村でも、文化14年以降、選挙によって名主が選ばれるようになったのです。

投票は、村人たちの意向が反映される民主的な制度だといえるでしょう。ただし、いくつかの留保をつける必要があります。

まず、投票できるのは1戸に1人、その家の当主だけでした。女性や当主以外の男性には投票権はありませんでした。また、村によっては、すべての家の当主が投票できるわけではなく、村のなかで身分が低いとされた家には投票権が認められないこともありました。したがって、投票できたのは、村の人口の何分の1かだったのです。

次に、投票の結果を受けて、最終的に名主を任命するのは領主だということです。

名主は、村人たちの代表者であると同時に、村における領主の代弁者でもあるという二重の性格をもっていました。それを反映して、選出に当たっても村人たちと領主の双方の意向がはたらいたのです。

領主は村人たちの意向を尊重して、選挙で選ばれた者をそのまま任命するのが普通でしたが、ときには村人たちと領主の意向が食い違ってそこに対立が生まれることもありました。逆に、村のなかでは名主が決まらないこともあり、村から「御領主様のほうで名主を指名してください」と願い出ることもありました。

また、江戸時代の選挙が今日のそれと違う点として、立候補の有無があります。今日では、有権者はあらかじめ届け出られた立候補者のなかから投票する人を選びますが、江戸時代には立候補制度はなく、各戸主がそれぞれ意中の人に投票したのです。村の規模が小さいからこそ、できたことでしょう。

ただし、制度としての立候補はなくても、事前にある程度、やりたい人、やらせたい人はわかっており、それなりの根回しや雰囲気づくりもなされましたから、票が際限なく拡散することはありませんでした。

もうひとつ述べたいのは、投票にはある程度の読み書き能力が必要だということです。記名投票の場合は、各投票者が自分の名前と投票する相手の名前を書けることが最低条件になります。そこでは村の全戸主がその程度の識字能力を有しているということが前提になっているのです。ここに、寺子屋教育の普及による村人の教育水準の向上をみることができるでしょう。

以上みたように、村役人の選挙に積極的な意味があったのはもちろんですが、同時にそこにはいくつか留意すべき点もあったのです。

●名主にふさわしいのは、義兵衛か？弥惣八か？

では、南長池村の場合はどうだったでしょうか。名主候補として名前があがったのは、義兵衛と弥惣八でした。それぞれの支持者を、義兵衛派・弥惣八派と呼ぶことにしましょう。

義兵衛派には、村役人・頭立など村の政治的指導層や、経済的に上層の人たちが多く含まれていました。これに対して、弥惣八派は、村役人ではなく、経済的にも有力とはいえない一般の村人、すなわち小前《こまえ》が中心でした。

義兵衛派は、頭立義兵衛・長百姓又左衛門・頭立久右衛門らが中心でした。義兵衛と又左衛門は、連年、長百姓・頭立、時には名主を務めていたため、「古役人《こやくにん》」（古くからの村役人）と呼ばれていました。他方、弥惣八派は、頭立弥惣八と小前の和平・

寅蔵《とらぞう》・弥八《やはち》らが中心となっていました。

義兵衛派の主張の核心は、次の2つでした。

① 南長池村の村運営に関しては、これまで長年にわたってつくりあげられてきた仕《し》来《きた》りがあり、現在の村役人もそれを継承している。その後継者にふさわしいのは義兵衛である。

② 弥惣八のような所持地の少ない百姓が名主になると、村運営が混乱する。

②について、少し補足しておきましょう。

江戸時代における百姓の税負担の中心は年貢でしたが、その納入には村請《むらうけ》制という方式がとられていました。領主は、個々の百姓に対して納めるべき年貢の額を直接提示するのではなく、村に対して村全体として納入すべき年貢の総額を提示していました。それを受けて、名主をはじめとする村役人たちが、各村人の所持地の石高などを規準に、各人が納入すべき年貢額を計算して通知したのです。

また、各百姓から年貢を徴収し、それらを一括して領主に納入するのも名主の責務でした。村内における年貢の賦課《ふか》・徴収はすべて名主をはじめとする村役人たちが行なっていたのであり、領主のほうでは個々の百姓が実際にどれだけの年貢を納めているかについて細かく把握してはいなかったのです。このように、村を単位に年貢の賦課・徴収・納入がなされる仕組みを村請制といいます。

村請制は、現代の税制とは大きく異なっています。領主からすれば、徴税業務を村に全面委託できて大いに手間が省けましたが、そのぶん毎年膨大な実務をこなさなければならない名主の負担はたいへん大きなものでした。

そして、名主にはもうひとつ大きな責務がありました。年貢を払えない村人の肩代わりです。村人のなかには、経済的に苦しいため年貢を期限どおりに納入できない人も出てきます。しかし、領主に対しては、決められた期限までに、村に賦課された全額を名主の責任で納めなければなりません。そのため、滞納者が出たときは、とりあえず名主が滞納者の分を立て替えて、とにかく全額を領主に納入したのです。そして、滞納者は金ができしだい、滞納分を名主に納めることになります。

毎年村の全戸が必ず期日までに全額を名主に納入できるとは限りませんから、名主は常に立替に応じられるだけの経済的余裕をもっていなければなりませんでした。名主には、正確に徴税業務をこなせる実務能力だけではなく、立替可能な経済力も同時に求められたのです。

当時の南長池村では、村人の多くが困窮している状態でしたから、立替の必要性はかなり高かったといえるでしょう。そこからすれば、義兵衛派が、所持地が少なく経済力に不安のある弥惣八の名主就任に反対したことにも理由があったのです。

これに対して、弥惣八派は、これまでの村役人の村財政運営には疑惑があり、弥惣八を名主にして疑惑を徹底的に解明する必要があると主張しました。南長池村が抱える最大の問題は、不明朗な財政運営によって村人たちの負担が増大していることにあり、そこにメスを入れることが最優先課題だというのです。財政が健全化して村人たちの負担が減れば、村も困窮から立ち直れるという主張です。村役人の不正が事実ならばそれは当然是正されるべきものであり、そこからすると弥惣八派の主張にも一理あるといえるでしょう。

以上が、両派の争点の核心部分です。両派の主張にはそれぞれもっともな部分があり、だからこそ両派とも自らの正しさを信じて、一歩も譲らぬ争いを展開したのです。こうなると、ポイントは従来の村財政運営に不正があったかどうかというところに絞られてきます。もし不正がなければ弥惣八を名主にする特段の理由はないわけであり、逆に不正が事実ならば弥惣八を名主にして徹底的に解明する必要があるということになるからです。したがって、以後の争点は不正の有無に収斂《しゅうれん》していきます。では、その後の展開をみていきましょう。

●文政7年9月——義兵衛派、村財政の不正疑惑を全否定

文政7年9月に、義兵衛派の又左衛門・義兵衛らは、代官所に次のように説明しています。なお、以下の丸番号は、84~86ページの弥惣八派代表の粂七・七郎治・音右衛門の主張における丸番号と対応しています。

①弥惣八派は、西尾張部村の蓮証寺と中越村の長十郎からの借金は架空のものだと主張していますが、それらは実際にあったものです。そこには、以下の事情がありました。

文化9年に「潰《つぶ》れ」となった利兵衛ら（※5）が蓮証寺と長十郎から借りた金を、村全体で年賦返済していくことになったのです。

ところが、このとき南長池村のご領主の和田十郎左衛門様が経済的援助を求めてこられました。しかし、ただでさえ困窮しているうえに、蓮証寺と長十郎への年賦返済をしながら、和田様に援助することはとてもできません。

そこで、村役人たちが相談して、蓮証寺と長十郎に懇願し、返済額を減額してもらったうえで、その額をほかから借金して蓮証寺らへは一括返済しました。そのうえで、和田様に援助したのです。これが、文化14年のことです。つまり、蓮証寺と長十郎からの借金は確かに存在したのですが、現在はすでに返済ずみだということです。

弥惣八は親の代から続けて頭立役を務め、以上の経緯についても知っているにもかかわらず、はじめから借金はないなどと小前たちに吹き込むとはとんでもありません。

②

文化7年に善右衛門が出奔した（77ページ）時点では、彼に年貢滞納はありませんでした。

しかし、その後、彼の出奔に関わって藩から拝借した金が返済できなかったり、村に残った善右衛門の妻子が年貢を滞納したりしたため、新たにあちこちに負債を抱えることになってしまいました。その負債総額は、49両余にのぼりました。

したがって、この49両余は村の全戸の責任で返済していかなければなりません。このようなわけで、村人たちの負担はやむを得ないものなのです。

弥惣八派は善右衛門関係の諸帳面を弥惣八に渡して監査させろと言っていますが、それらの帳面はすでに文化13年に藩の勘定役の矢野倉惣之進様が詮議なさったものであり、それに問題があるというのでしょうか。弥惣八も、この間の事情はよくわかっているはずです。それなのに、今さら帳面の引き渡しを求めるというのは不審であり、渡すことはできません。

③　名主は給与として、藩から籾《もみ》10俵（金2両2分に相当）、村から金7両を受け取っていますが、これはけっして過大な額ではありません。

また、ほかに銭3貫を村から貰っていますが、これは名主の年間の諸経費として、古来からの仕来りで受け取っているものであり、正当なものです。

④　「下役」の松代までの往復旅費の銀1匁5分という額は、13、14年前に村役人・頭立が相談して決めたものです。また、松代での用件がすんだら、その日の内に帰ってくるのが決まりです。

⑤　村の各戸が負担すべき村運営上の諸経費の額を計算するときには、前々からの仕来りで、村役人・頭立・小前惣代らが集まって計算し、それを帳面に記載します。そして、村人たちが賦課された金額を納めに名主宅に来たときには、その帳面を見せて金額について納得してもらったうえで勘定をすませています。

また、名主は1年交替であり、交替のつど後任者に帳面を引き継いでいますから、一部の村役人（古役人の義兵衛・又左衛門）のみで長期間村財政運営を専断することはありません（※6）。

⑥　条七・七郎治・音右衛門ら弥惣八派の者たちが村の財政運営に不審を抱いたなら、まず村役人に掛け合うべきです。ところが、そうした手順を踏まずにいきなり藩に訴え出たのは心外です。彼らをよく吟味していただき、私たちが潔白であることをはっきりさせてください。

ここで、双方の争点は一応出そろいました。このあと最大の対立点となるのは、①の問題、とりわけ蓮証寺から利兵衛が借りたという金の問題です。

弥惣八派は、そのような借金はそもそも最初から存在しなかったと主張しています。にもかかわらず、利兵衛が「潰れ」たあと、村人たちはその返済を肩代わりさせられており、それはまったくいわれのない負担だというのです。そして、それこそ義兵衛や又左衛門らによる不適切な村財政運営の動かぬ証拠だと糾弾しているのです。

これに対して、義兵衛派は次のように反論します。

「利兵衛の蓮証寺からの借金は確かに存在したが、それは文化14年にすべて返済した。現在村人たちが負担しているのは、利兵衛の借金の肩代わり分ではなく、和田十郎左衛門様（南長池村の知行主）への援助金である。したがって、村人たちの負担には根拠があり、村の財政運営に不適切なところはない」

すなわち、争点①の利兵衛らの借金については、弥惣八派ははじめからなかったと言い、義兵衛派ははじめはあったが、文化14年時点で返済して今（文政7年時点）はないと主張しています。争点②の善右衛門の年貢滞納などの負債については、弥惣八派はすでに完済していて今はないと言い、義兵衛派は今もあると言っています。ちなみに、善右衛門は、文化7年に出奔する時点で多額の借金がありましたが、ここで争点となっているのは彼の出奔後に妻子が新たに抱えることになった負債のことです。

また、文化13、14年時点で、藩の勘定役の矢野倉惣之進が争点①、②ともに調査して、①については、利兵衛らの借金の存在を認めて、ほかからの借り換えによる返済を指導し、②については、関係帳簿を点検していました。そのときは、矢野倉の調査結果を、村全体が一応承認していたのです。ところが、文政7年時点で、弥惣八らは、そこに不適切な処理があったと追及しているわけです。

そして、以後は、村財政における不正の有無を端的に示すものとして、蓮証寺から利兵衛への貸金の有無が集中的に問題にされ、ほかの争点は後景《こうけい》に退いていきました。すなわち、義兵衛派の言うとおり過去に貸金があれば財政運営に不正はなく、弥惣八派の言うとおりはじめから貸金がなければ義兵衛派が偽りを言っていたということになり、それが不正の証拠となるというように、問題が一点に収斂し単純化されていったのです。

読者の皆さんは、話がけっこう込み入っているとお思いかもしれません。江戸時代の村方《むらかた》騒動（村人同士の争い）では、この程度の複雑さはザラにありました。百姓たちは、もてる計算力を総動員して帳簿の数字を照合したり、自己の主張を論理的に文章化するだけの知的能力を身につけていたのです。

※5　「潰れ」になった百姓の負債は、村全体で引き受けて返済しなければなりませんでした。なお、利兵衛一家は、潰れたあとも村で暮らしていました。そして、彼の借金の有無が、以後の大きな争点となるのです。

※6　江戸時代の村には、村役場の建物はありませんでした。名主は、毎日自宅で執務したのです。村役人たちの会議や村の戸主たちの寄合も、名主宅で行なわれました。名主宅が戸主全員の寄合には手狭な場合は、村のお寺や蔵で行なわれることもありました。名主が日々の執務に必要な書類は名主宅で保管され、名主の交替時には後任者に引き継がれました。参照される頻度が低い書類は、村の蔵に保管されることもありました。

●江戸時代の「村の財政」の仕組みとは？

以上みたとおり、義兵衛派の又左衛門らは自らにかけられた疑惑を全面否定しています。その当否はこれからみていくとして、その前に江戸時代の村財政の仕組みについて説明しておきましょう。

江戸時代の百姓たちの負担には、年貢など領主に納めるものだけではなく、村に納めるものもありました。これを、村入用《むらにゅうよう》といいます。村入用は、村役人の給料、村役人が執務上使用する紙・筆・墨などの費用、村役人の出張費、用水路の維持・修復費、年貢納入に付随する諸経費、村の神社の祭礼費用など、村運営のための諸費用からなっていました。このなかには、用水路の維持・修復費や神社の祭礼費用のように、純粋に村のための支出もありましたが、他方で領主の元に出向くときの旅費など領主との関係で必要な費用も含まれていました。領主に呼ばれて出かけても、領主は旅費を払ってはくれなかったのです。

村入用は、村人の所持する石高に応じて、あるいは家ごとに均等に賦課されました。村入用が現在の地方自治体の財政と異なるのは、予算の概念を欠いていることです。決定された予算にもとづいて必要経費を順次支出していくのではないのです。また、村は常に潤沢な資金をもっていたわけではありません。

そこで、かかった経費はそのつど誰かが立替払いしておき、それらを年に1回集計します。そして、その合計額にもとづいて村の各戸の負担額を算出します。それを村役人が各戸から徴収し、立替払いしていた人たちに支払って精算するのです。

村入用を立て替える機会が多かったのは、名主をはじめとする村役人でした。したがって、彼らには、随時立替払いができるだけの経済力が求められました。村の有力百姓が名主になることが多かったのはそのためです。

名主に村入用の立替払いが求められたところは、年貢と共通しています。年貢のみならず、村入用も立て替えなければならなかったため、いきおい名主には一定の経済力が要求されたのです。一方で、名主の私的な経済力を当てにした財政運営が行なわれたために、そこに不正の入り込む余地も存在したのです。

南長池村の場合には、利兵衛ら「潰れ」になった百姓たちの負債処理が大問題になっています。現代の感覚では、それは彼ら個人、もしくはその家の問題のように思われます。しかし、江戸時代にはそうではなく、その負債は村人全員が当人たちに代わって、責任をもって完済すべきものと考えられていたのです。村全体の連帯責任です。ここには、個々の家の問題も村全体で引き受けるというあり方がみてとれます。

この場合は、名主ひとりの責任ではなく、村人全員で返済責任を分担しているのです。

これは、村人たちの強い結びつきと助け合いの表れですが、肩代わりする村人たちにとっては重い負担となったのも事実です。それでも、その負担が真にやむを得ないものであればまだしも、不必要な負担を強いられていたとすれば、とうてい納得できるものではありません。そうした不満が、弥惣八への支持となって表面化したのです。

●名主の給料は誰が出すのか？

先にみた義兵衛派の又左衛門らの主張の③で、名主は給与として、藩から籾10俵、村から金7両を受け取っていると述べられていました。この点に関して、少し説明しておきましょう。

一般的に、名主の給与は生活を支えていくには足りないものでした。ですから、名主になった人は、農業など自分の生業はそれまで通り続けつつ、並行して名主の職務もこなしたのです。

農繁期には、昼間は農作業で手一杯ですから、名主の職務は夜に行ない、時には徹夜になることもありました。しかし、そうした激務に見合うだけの給与が保証されていなかったため、村によっては名主のなり手がいなくて困るところもあったのです。

次に、給与が藩と村の両方から出ているというところも重要です。名主は、一面では領主の意向の代弁者であり、他面では村人たちの代表者でした。領主の代理人であるとともに、村人たちの利益代表でもあるという二面性をもっていたのです。この2つの性格は、ときに矛盾することもありました。領主の利益が常に村の利益になるとは限らなかったからです。

この二面性を反映して、名主の給与は藩と村の両方から出されていました。人は給与をくれる相手のために働くものですから、藩なり村なりが給与を増額すれば、名主はそちらの意向をより重視するようになるでしょう。名主は、少ない給与の増額を望んでいたのですからなおさらです。

しかし、松代藩の財政には、名主の給与を増額できるような余裕はありませんでした。一方、南長池村のほうも困窮していましたから、給与の増額など無理な相談でした。逆に、弥惣八派は、名主の給与が高すぎると問題にしているのです。名主の給与をめぐっては、こうした背景をおさえておきたいと思います。

●なぜ弥惣八に、村行政の刷新が期待されたのか？

名主の候補者2人（義兵衛と弥惣八）のうち、義兵衛は文化14年（1817）から文政元年（1818）にかけて名主を務めており、彼が支持を集めるのは自然なことだったでしょう。しかし、弥惣八は頭立であるとはいえ、村方三役の経験はありません。彼のプロフィールには不明な点が多いのですが（生没年もはっきりしません）、わかる限りで記しておきましょう。

弥惣八は、文政元年ごろには商売見習いであちこちに出かけていましたが、文政6年には村に帰って農業のかたわら商売をしていました。染め物か織物関係の商売だと思われます。天保13年（1842）には、紺屋《こうや》（染色業者）を営んでいたことがわかっています。彼の所持地は2石4斗余しかなかったので、それでは足りずにほかの百姓の土地を小作していました。また、親の代から引き続き、頭立を務めていました。

したがって、彼は、けっして多くはありませんが耕地を所持して農業を営みつつ、商売や染色業にも携わっており、商売で南長池村以外でも幅広く活動する一方、頭立として村運営にも携わっていたのです。すなわち、農業とその他の生業、そして村内と村外の双方に活動の足場を置いていたわけです。

彼は、商売を通じて帳簿の読み取り方や計算能力には長けていたでしょうし、他方で村運営のあり方もよくわかっていました。これまでの村財政運営を監査するとともに、名主の業務をこなすには適任だったのです。小前たちが、弥惣八に村行政の刷新を期待したのももっともなことでした。

第二幕

武士による吟味と、弥惣八派の瓦解《がかい》

村財政の不正疑惑をめぐる問題は村内では解決がつかず、松代藩の法廷にもちこまれました。ここにおいて、百姓同士の争いに武士が深く関わってきます。

藩の担当役人は、それまで藩が南長池村に関わってきた経緯や、仲裁に入った百姓の意見などをふまえて、義兵衛派に有利なかたちで吟味を進めました。そのため、当初弥惣八派だった百姓たちも、形勢不利とみて、相次いで義兵衛派に転向しました。形勢は一気に義兵衛派有利に傾き、この一件は義兵衛派の勝訴で決着がつくかにみえました。

1　義兵衛ら古役人の肩をもつ武士たち

●文政7年9〜12月――吟味の舞台は、代官所から郡奉行所へ

この一件は当初代官所で吟味（審理）されていましたが、事が名主の人事だけでなく、村役人の不正まで問題となるにいたって、文政7年9月に、代官はもはや自分の手に余ると判断し、郡《こおり》奉行所での吟味を求めました。吟味は、上級機関に回されたのです。

そのため10月からは、訴訟は郡奉行所で審理されることになりました。さらに、11月からは職《しょく》奉行（幕府の寺社奉行にほぼ相当）も吟味に立ち会うことになりました。郡奉行所や職奉行所は基本的には行政機関ですが、江戸時代には三権分立が確立していなかったので、訴訟の審理にも当たったのです。

そして、東寺尾村三郎治《さぶろうじ》と、松代城下に住む3人の町宿《まちやど》が「立入人《たちいりにん》」（扱人《あつかいにん》、仲裁者）となりました。江戸時代の訴訟は、法に照らして黒白をはっきりつけることよりも、双方の妥協点を見出して争いを丸く収めることのほうを重視していました。ですから、郡奉行所など藩の機関での審理とあわせて、立入人による仲裁活動も活発に進められたのです。

三郎治は城下町松代に隣接する東寺尾村の百姓でした。また、町宿とは、訴訟や願い事などで松代にやってくる領内の百姓たちが泊まる宿屋（あるいはその主人）です。そして、ただ泊めるだけでなく、百姓たちに代わって必要書類の作成や出廷の際の付き添いなども行ないました。第一部でみた「公事宿《くじやど》」と同様の存在です。町宿は、訴訟のプロセスを熟知していましたから、立入人には適任だと判断されたのです。

文政7年11月には、松代城内において、藩主の御前での審理が行なわれました。これは、村人たちにとっては前代未聞のことでした。藩も、それだけこの一件を重視していたのでしょう。

12月には、取り調べに当たった藩役人から、証拠書類として文政2、3、4、6各年分の村入用関係帳簿の提出が命じられました。しかし、歴代の名主たちは要求された帳簿のかなりの部分をすでに廃棄していて提出できなかったため、藩役人に謝罪文を差し出しています。藩の吟味は、証拠書類の審理をふまえて進められるものだったのです。

●文政7年10月――弥惣八派の和平、義兵衛派への追及姿勢を謝罪する

文政7年10月には、病気を理由に郡奉行所に出頭しない和平（弥惣八派）に対して、郡奉行所から書面での尋問がありました。それへの和平の回答も合わせて、一問一答風に再現すると次のようになります。

問　文化13、14年に勘定役矢野倉惣之進が南長池村の実情調査をした際、和平の父は小前惣代をしており、和平自身も親の代理を務めていたため、事情はわかっているはずなのに、今回古役人（義兵衛・又左衛門）に疑惑ありと主張するとはどういうことか。

答　私は愚か者で、事情がまったくわかっていないにもかかわらず、今回、古役人に疑いをかけたことについては恐縮しております。

問　南長池村の利兵衛が西尾張部村蓮証寺から借金していたが、利兵衛は「潰れ」となってしまった。そのため、彼の借金は村の全戸で引き受けて返済することになった。それを承知した旨の証文を矢野倉惣之進に提出しておきながら、今さら利兵衛の借金はなかったなどと言い出すのはどういうことか。

また、疑問があるなら矢野倉惣之進に尋ねるべきところ、そうはせず、「南長池村

から蓮証寺に返済すべき負債など存在しない」などと村人たちに話して、村内を混乱させたことをどう思うか。

答　お尋ねの件は私の不行き届きで、申し訳ございません。

問　それならば、おまえ（和平）は蓮証寺や利兵衛とグルになって、矢野倉惣之進を欺いたことになるのではないか。

答　この件は、利兵衛が「蓮証寺からの借金はない」と村人たちに話したことが発端です。それを聞いた百姓たちが、私（和平）に本当かと聞いてきたので、私から利兵衛に直接尋ねました。利兵衛は「借りていない」と答えましたが、まだ信じられなかったので、今度は蓮証寺の住職に尋ねました。住職も、やはり「南長池村の者に金を貸したことはない」と答えました。

つまり、村人たちが疑惑を抱いた原因は、利兵衛と蓮証寺住職の言ったことにあるのです。すべては彼らの悪巧みであり、私は彼らの一味ではございません。

問　おまえは、徒《と》党《とう》（不穏なことを企てて集まった集団）の頭取《とうどり》（指導者）ということになるのではないか。

答　私は、百姓たちの疑惑を解くためにいろいろと調べたにすぎません。私が愚かで不行き届きだっただけで、徒党の頭取だなどとんでもございません。しかし、どうにかお疑いも晴れたようで、ありがたき仕合わせに存じます。

以上のやりとりから、郡奉行所における吟味の雰囲気が伝わってきます。郡奉行所の担当役人は、蓮証寺からの借金をめぐる問題が、文化13、14年の時点で勘定所役人矢野倉惣之進の承認のもとに一度処理されていたことを重視しています。そのときには村人全員が蓮証寺からの借金の存在を認めていたのに、今になって前言を翻《ひるがえ》すとはどういうことかというわけです。

文化13、14年に矢野倉は、南長池村の村財政を調べて、蓮証寺などからの借金があることを前提に財政再建策を指導しました。その時点で、ほかからの借り換えによって、蓮証寺などへは借金を全額返済したことになっているのです（102ページ）。郡奉行所としては、自らの管轄下にある勘定所の役人が行なった指導に問題があったとは考えたくなかったのです。そして、義兵衛派は、「藩の御役人様もご承知だ」ということを錦の御旗としていたのです。義兵衛派としては、文化13、14年時点で、矢野倉も村人たちも了承して処理した問題を今さらむし返すとは何事か、という思いだったでしょう。

そういうわけで、吟味ははじめから弥惣八派の主張に道理はなかろうという予測のもとに進められることになりました。そして、こうした吟味の方向づけに反する主張をした百姓は、それだけで「不埒至極《ふらちしごく》」とされ、牢に入れられることになったのです。

こうした担当役人の吟味方針を察して、和平は早くも腰砕けとなり、全責任を蓮証寺と利兵衛に押しつけて、藩のお慈悲を乞う姿勢に転換しました。

先の問答で、担当役人は和平を徒党の頭取ではないかと詰問しています。徒党とは、百姓一揆などを企てて大勢の百姓たちが集まることであり、江戸時代には重大犯罪とされていました。しかし、百姓たちが領主に何か願い事をしようとすれば、事前に集まって何らかの相談をせざるを得ません。その場合、たとえそれが正当な願い事の相談であっても、領主の見方ひとつで徒党と認定される可能性があったのです。領主のさじ加減ひとつで、百姓たちの自主的な集会が重大犯罪にされかねないという危うさ、これも江戸時代の一面だったのです。

2　弥惣八派の瓦解

●文政7年11月——弥惣八派の音右衛門、前言を撤回する

和平に続いて、文政7年11月には、弥惣八派の人びとが相次いで従来の主張を翻しています。小前惣代だった音右衛門は、こう言っています。

これまで私が提出した書面は、いずれも実際は弥惣八が書いたもので、私は弥惣八に言われてそれを差し出しただけです。

古役人に疑惑があると言い出したのは寅蔵《とらぞう》と和平で、自分は何もわからず、大勢に頼まれて小前惣代になっただけです。そのことは、お白洲《しらす》で申し上げました。ところが、それを知った寅蔵から、「何でそんなことを言うのだ」と詰問されたので、次の吟味のときには「古役人の疑惑の件は、寅蔵と和平が言い出したことではありません」と申し上げました。すると、今度は御役人様から二枚舌だとされて、手鎖《てぐさり》（手錠）をかけられたうえ町宿に身柄を預けられてしまいました。

そこで反省して、寅蔵と和平が張本人だということをありのままに書面にして差

し上げました。すると、また寅蔵から文句を言われたので、書面は町宿が書いたものので自分は内容を知らないと言い逃れをしました。そのため、寅蔵は今度は町宿に文句をつけており、自分も困っています。

寅蔵からは、「担当役人に聞かれて返答に困ったときは、詳細は寅蔵と和平がよく知っていると言えばいい」と言われていたので、お白洲で寅蔵と和平が中心人物だと申し上げたのです。すると、寅蔵にあれこれ言われて対応に困っているしだいです。

私はこのような愚か者ですので、「古役人の村財政運営に疑惑あり」と主張して村内を混乱させるつもりは毛頭ございません。私は、大勢に言われて仕方なく惣代になっただけで、くわしいことは何も存じません。今はまことに申し訳なく思っております。

音右衛門はこのようなありさまで、すべての責任を寅蔵と和平に押しつけて、自分は何も知らなかったと訴えているのです。しかし、音右衛門は、お白洲では寅蔵・和平が首謀者だと言っておきながら、寅蔵にその点を責められると前言を翻したり、虚偽の弁明をするなど、その場逃れの対応に終始しており、とても胸を張って真実を述べているようには思えません。

なお、音右衛門に首謀者だと名指しされた和平自身が、責任を蓮証寺と利兵衛に押しつけていたことは先にみたとおりです。責任の押しつけ合いが始まっていたのです。

●文政7年11月——利兵衛の証言〜名主の選挙をめぐって〜

こうしたなかで、蓮証寺からの借金の有無が焦点となっていた利兵衛は、次のように申し出ました。

文政6年に名主の後任を決める入札（投票）をした際に、宇平治《うへいじ》が私（利兵衛）のところに来て、入札をするよう勧めました。私が、「今は所持地がないので、入札はしなくてもいいのではないか」と答えたところ、宇平治は「村の全戸主が入札をするのだから、ぜひともするように」と言いました。

私が、「あなたは入札についての情報を知っているだろうから、誰に票を入れればいいか教えてほしい」と聞いたところ、宇平治は、「おそらく弥惣八に票が集まるだろうから、あなたも弥惣八に票を入れるのがいいだろう」と教えてくれました。そこで、深く考えずに、言われたとおり弥惣八に票を入れましたが、それから村内の混乱が始まりました。

私のような土地をもたない者が入札に参加したことを、今では申し訳なく思っております。ですから、今年の入札には参加していません。


入札については、先にも、有権者の資格が各家の戸主に限られていると述べました。しかし、村によってはさらなる制限があるところもあったのです。村の全戸は必ずしも対等平等ではなく、本家と分家、土地をもつ者ともたない者（無高《むだか》・水呑《みずのみ》）などの別がありました。村によっては、名子《なご》・被官《ひかん》・門屋《かどや》などと呼ばれる、特定の百姓（主家）に労働奉仕の義務を負っている従属的立場の者がいることもありました。

そして、名子・被官・門屋は村役人選挙の投票権をもたないことが多かったのです。無高については、投票権のある村とない村がありました。南長池村の場合は微妙で、一応投票権は認められていましたが、利兵衛は自分が無高であるため投票することを躊躇《ちゅうちょ》しています。無高は投票を自主的に遠慮すべきであるという雰囲気が、村の一部にあったのでしょう。それでも、宇平治に勧められて結局は投票したのですが、それを今では後悔しているのです。

また、村役人選挙は立候補届け出制ではなかったということを前述しましたが、利兵衛の供述にあるように、村人たちは内々で意見交換しながら投票する相手を決めていったのです。

●文政7年11月――利兵衛、借金の存在を認める

では、引き続き利兵衛の証言を聞いてみましょう。

私は、蓮証寺から確かに借金をしていました。しかし、それについては、返済額を減額してもらったうえで、よそからの借金によってすでに返済しています。そのことは、疑惑がもちあがった際に、弥惣八に伝えてあります。

ところが、その後また弥惣八と和平がやってきて、「蓮証寺からは、利兵衛に金を貸したことはない旨の証文を取ってある。すなわち、借金などそもそも最初からなかったのだ。それでも、借金をしたというのか」と言います。それで、「借金は確かにしたが、蓮証寺の証文があるのならば、借金の有無については村内が平和に収まるよう、いかようにもよろしく取り計らってほしい」と返答しました。

また、私は過去2年分の年貢を滞納しています。しかし、弥惣八が「年貢の滞納はない旨の書付を差し出さないと、村内が丸く収まらない」と言うので、村内和合

のためと思い、弥惣八の指図どおりの書付を差し出しました。
こうした偽証をしたのは、みな弥惣八・寅蔵・弥八《やはち》らの指図によるものであり、今はたいへん後悔しております。

利兵衛は、古役人（義兵衛・又左衛門）の不正の有無を判断するうえで鍵を握る人物です。利兵衛は蓮証寺から借金などしていないのに、古役人たちは借金があったと偽りを言っているというのが、弥惣八らの主張の大きなポイントだからです。

ところが、利兵衛は、ここで前言を撤回して、借金はあったと言い出しました。以前に借金はないと言ったのは、弥惣八らの指示による偽証だというのです。ここで、弥惣八派は苦しい立場に追い込まれました。

この利兵衛の証言が事実かどうかはひとまずおいて、ここで利兵衛が、自分が偽証したのは村内の和合を優先したからだと述べていることに注意しておきましょう。村人たちにとって村内の融和は、時には何が真実かという問題に優先することがあったのです。

●文政7年12月——利兵衛の次男・善蔵の証言

利兵衛の次男善蔵《ぜんぞう》も、利兵衛の証言と符節を合わせるように、文政7年12月に次のように証言しています。

私の兄庄左衛門《しょうざえもん》が、10月23日に手鎖（手錠）をかけられ、町宿に身柄を預けられました。私が驚いて翌24日に町宿に駆けつけ、庄左衛門に事情を尋ねたところ、「父（利兵衛）が、蓮証寺からの借金はないと強情に言い張っているので、こんな目にあっているんだ」とのことでした（この時点では、まだ利兵衛は借金の存在を否定していました）。そこで2人で相談して、「借金はありました」と、ありのままに申し上げようということになりました。

ところが、そこで寅蔵に言われたのです。「庄左衛門は手鎖の処分を受けて、弱気になっているんだ。親類が付き添って、気を強くもたせなければいけない。庄左衛門を頼りにしていたのに、彼が借金があったと認めては、われわれの主張が総崩れになってしまう」と。

私たちが、「われわれは生活が苦しいので、これ以上訴訟関係の出費が増えては困るから、ありのままを申し上げます」と答えたところ、寅蔵から、「この裁判は2、

3年もかかるだろうが、必要経費は弥八が50両、甚右衛門・弥左衛門《やざえもん》がそれぞれ10両ずつ、音右衛門・七郎治・粂七・弥惣八・私（寅蔵）が各5両ずつ出金することになっているから、何の心配もいらない。それなのに、今ありのままを申し上げるというなら、これまでかかった費用は全部負担してもらうぞ」と言われてしまいました。そこで、兄の庄左衛門と相談して、やはりあくまで借金はないと言い張ることにしました。

それから私が南長池村の自宅に帰ったところ、蓮証寺の住職が来ていて、親の利兵衛に、「借金はあったと申し上げたほうがいい」と説得していました。それなのに、私は、「これまで借金はないと言い張ってきたのだから、今さらどんなことがあっても借金があったなどとは言えない。ご意見には及ばないので、お帰りください」と言って、住職の説得を拒否してしまいました。

その後も庄左衛門は借金なしとの主張を変えなかったため、今度は牢屋に入れられてしまいました。ここにいたってわれわれも過ちに気づき、今は申し訳なく思っております。

また、12月8日に、私（善蔵）や西尾張部村の者たちが大勢、蓮証寺に集まって何やら相談していたということが担当のお役人様のお耳に入っているようで、集まった顔ぶれや相談の内容についてお尋ねがありましたので、以下に申し上げます。

その席で、住職の子誠諦《じょうてい》は、「光蓮寺《こうれんじ》（蓮証寺の本寺《ほんじ》〈直接の上級寺院〉で西尾張部村にありました）の住職から、『自分は、郡奉行所からこの件のすべてを任されている。それなのに、そのほう（誠諦）が西尾張部村の村役人や村人たちに相談したりするから、上様（藩主）にご心配をかけることになるのだ。今後は、誰とも相談してはいけない。何事も自分に任せておけばよい』と言われてしまいました」と述べました。

これを聞いて、居合わせた西尾張部村の者たちは、「それは、光蓮寺のご住職が間違っている。問題は、西尾張部村あっての光蓮寺か、光蓮寺あっての西尾張部村かということだ。蓮証寺の件に関して、光蓮寺のご住職が一存で取り計らうというなら、今後光蓮寺に何があろうと村人はひとりも手助けに行かないぞ」などと口々に言いました。

そのうえ私にも、「庄左衛門は、従来の主張を転換したとしても、それでは二枚舌を使ったことになるから、すぐに牢を出られるということはないだろう。借金の存在を認めれば、長く牢内で苦しんだうえに、これまで一件にかかった経費はすべて負担させられるぞ。さぞかし、嬉しいことだろう」などと言って大笑いしました。

私は、このようなことを言われて心外でしたが、これも悪者たちの仲間に加わったのがいけなかったのだと、今では過ちを後悔しております。上様には、一言の申し訳もございません。

このように、庄左衛門と善蔵にあっても、その主張は強い信念にもとづいたものではなく、訴訟費用の負担を免れたいとか、寅蔵にきつく言われたからといった、打算的・他律的なものだったのです。そして、この時点では、弥惣八派の寅蔵や西尾張部村の百姓たち（彼らは、おおむね弥惣八派でした）に責任を転嫁しているのです。

なお、弥八は酒造業を営んでおり経済力があったため、訴訟費用として見込まれた95両のうち半額以上の50両を出金することになっています。

また、12月8日に蓮証寺で行なわれた以上のやりとりについては郡奉行所の耳にも入っていました。善蔵は、弥惣八派の内部事情をかなり詳細に供述していますが、その背景には郡奉行所側にもすでにある程度くわしい情報が入っていたため、こちらも詳細な供述をしなければ信用してもらえないという事情があったのです。その意味では、藩の情報収集能力もけっして侮《あなど》れませんでした。

●江戸時代の「お寺」が果たした役割

善蔵の供述のなかに、西尾張部村の村人たちが、「西尾張部村あっての光蓮寺か、光蓮寺あっての西尾張部村か」と言うくだりがありました。江戸時代に村にあった寺院とその住職は、どのような社会的役割を果たしていたのでしょうか。

江戸時代には、寺請《てらうけ》制度（庶民がキリシタンではないことをその檀那寺《だんなでら》に証明させる制度）により、すべての庶民がいずれかの寺院の檀家《だんか》（檀那）となることが義務づけられていました。檀那寺が、自分の寺の檀家がキリシタンでないことを確認・保証する宗門改《しゅうもんあらため》が毎年実施され、その際には「宗門改帳」（「宗旨人別帳《しゅうしにんべつちょう》」）という帳面が作成されました。

そこには、家ごとに、家族全員の名前・年齢・戸主との続柄《つづきがら》・檀那寺などが記され、ときにはその家の所持地の石高などが記されることもありました。また、寺院は檀家の身元を保証する寺請証文《てらうけしょうもん》（宗旨手形）を発行し、これが百姓たちの身分証明書となりました。

寺請制度があったため、各寺院は特段の布教活動をしなくても一定数の檀家を確保できたことから、葬式・年忌《ねんき》法要《ほうよう》を活動の中心とし、いわゆる「葬式仏教」化したといわれます。また、幕府の管轄下におかれ、幕府による民衆の宗教統制に利用されたとも評価されます。

確かにそうした側面は否定できませんが、別の見方も必要です。江戸時代には、一般の小前百姓たちも家意識を強めました。家は、先祖から子孫へと時を超えて永続すべきものであり、先祖は現世の家族をあの世から見守ってくれる、大事な家の一員でした。そのため、葬儀や先祖供《く》養《よう》を行なってくれる宗教施設が求められたのです。そこで、戦国時代から江戸時代前期を中心に、全国各地の村々に、村人たちの手で寺が建てられ、住職が招かれました。「葬式仏教」とは、家の永続を願う村人たち自身が望んだことでもあったのです。

また、寺の住職が、百姓間におこるさまざまな問題の調停役として、村・地域の平穏維持に重要な役割を果たす場合が広くみられました。たとえば自分の家が火元になって火事が発生した場合に、その家の当主が村の寺に駆け込んで謹慎と謝罪の意を表し、住職の仲介によって赦《ゆる》されることがよくありました。

離婚を望む女性が、寺に駆け込むこともありました。現在、「駆け込み寺」としては鎌倉の東慶寺《とうけいじ》などが有名ですが、江戸時代にはこうした特定の寺院だけではなく、村々にある普通のお寺も「駆け込み寺」としての機能をもっていたのです（佐藤孝之『駆込寺と村社会』吉川弘文館、２００６年。夏目琢史『アジールの日本史』同成社、２００

9年)。

さらに、「寺子屋」の語からもわかるように、寺の住職が寺子屋の師匠を兼ねていることも多くみられました。住職は、宗教者であると同時に、教育者でもあったのです。こうした世俗的な面も含めて、村社会における寺院の存在意義はけっして小さくはありませんでした。

江戸時代の僧侶、とりわけ村の寺の住職については、宗教活動面だけをみるのではなく、村や地域の日常生活において果たしていた多様な役割を全体として評価しなければならないのです。

その一方で、村の寺の住職は、経済的には村人たちに支えられていました。そのため、村人たちは、村のお寺は自分たちが維持しているんだ、自分たちの共有財産なんだという意識をもっていました。ですから、光蓮寺の住職が、西尾張部村の村人たちを除外して、自分ひとりで南長池村と蓮証寺の一件に対処しようとしたことに対して、村人たちは強く反発したのです。村人たちは住職を尊敬していましたが、一方では寺と村人たちとは持ちつ持たれつの関係だと考えていました。そのため、住職の独断専行を認めることはできなかったのです。

●文政7年12月——弥惣八派の七郎治、内情を暴露する

弥惣八派の七郎治も文政7年12月には自らの非を認めて、12月26日には弥惣八派の内情を立入人（仲裁者）に報告していますが、そこには次のような興味深い内容が含まれていました。

1点目。文政7年8月に、七郎治たち3人が小前惣代として代官所に差し出した願い書（84ページ）は、実は弥惣八・寅蔵・弥八らが書いたものだというのです。また、代官所での吟味がはかどらないため、上級機関である郡奉行所に願い出ようということになったとき、七郎治が、「私は頭が悪いので、願い書の内容がよく理解できません」と言ったところ、弥惣八らが願い書に仮名を振ってくれたということです（※1）。

また、弥八は七郎治に、訴訟にかかる費用に加えて、銀1匁5分の日当を約束しました。さらに、弥八が銭200文、弥惣八が400文を、小遣いとして七郎治に渡していいます。

つまり、弥八や弥惣八は自分たちが訴訟で目立ちすぎるのを避け、また小前たちも自分たちに同調しているということを示すために、七郎治たちを小前惣代に立て、裏で訴訟の指導をしたり、経済的援助をしたりしていたのです。

2点目。先に七郎治が立入人に差し出した書類について、弥八は、「万一、この書面を誰が書いたか確認するために、藩による筆跡調査が行なわれた場合には、松代藩領ではない長沼村の文太夫《ぶんだゆう》が書いたと言うように。松代藩領の者については筆跡を調べることもできるだろうが、領外の者までは調べられないだろうから」と七郎治に言ったというのです。

ここから、藩役人は、吟味の過程で筆跡鑑定をすることもあったことがわかります。それ以上に興味深いのは、弥八がそれを予期して、その対策まで七郎治に教えていたということです。ここには、藩の筆跡鑑定の裏をかこうとする弥八のしたたかさがよく表れています。

ところで、ここに出てくる文太夫とは何者でしょうか。彼は、幕府領の長沼村に住んでおり、七郎治の妻の兄でした。七郎治は吟味の過程で牢に入れられましたが、彼の家には幼い子が何人もおり、妻ひとりで育てることは困難でした。七郎治の妻は兄文太夫の所に行って、「夫は、弥八にそそのかされただけです。それなのに、七郎治が牢に入れられても、弥八は見舞にもきません。夫だけが罪をかぶったため、我が家の生活は成り立ちません。心外至極です」と訴えました。

文太夫は、「七郎治は愚か者のくせに、小前惣代になるなど不埒きわまりない」と叱って、いったんは妹を帰しましたが、再度泣きつかれ、また弥八のやり方に憤慨したこともあって、文政7年12月には立入人に、七郎治が牢から出られるよう藩への取りなしを頼んでいます。

※1　文政7年10月に、寅蔵と弥八は庄左衛門（利兵衛の長男）に、「惣代の者たちは不調法で、くわしい事情がわかっていないため、惣代たちには口頭で言い聞かせ、さらに『教訓帳』を書いて渡しておかなければ、訴訟に勝てるかどうかわからない」と言ったといいます。「教訓帳」は現存していないので、そこに書かれていた内容についてははっきりわかりませんが、たぶんそこには、訴訟での対応のポイントが記されていたのでしょう。弥惣八派の中心メンバーは、こうやって自派の人びとに知恵を授けていたのです。

●文政7年12月——弥惣八派の女たち、藩の重役に「駆込訴」を決行

こうしたなか、文政7年12月に、弥惣八の母と、寅蔵の妻、そして和平の妻の3人が、松代にある大目付《おおめつけ》の屋敷に駆け込んで訴える（駆込訴《かけこみそ》）という事件がおこりました。弥惣八・寅蔵・和平は、いずれも弥惣八派の中心人物です。大目付とは、目付と

ともに、藩士の監察をする役職です。

これを聞いた和平は、「女の一存だけで、藩の重役の屋敷に駆込訴はしないだろう。誰か手引きしたのではないか」と考えて、妻を追及しました。すると妻は、「家に残っているのは、年老いた親と幼い子どもばかりなので、とても困っています。夫の帰村を許してくれるよう、『女の一筋』でご嘆願申し上げたのです。手引きした者などいません」ときっぱり答えたということです。

駆込訴とは、正規の手順を踏まずに、いきなり藩の要職者の屋敷に駆け込んで訴えることです。しかも、女性3人だけでそれを行なったわけですから、ずいぶん思い切った行動だといえるでしょう。弥惣八の母と寅蔵の妻も、和平の妻ともども、わが子や夫に対する寛大な措置を願ったのでしょう。

和平の妻は、夫が主張を転換しても帰村を許されないことに心を痛めていました。だからこそ、駆込訴という非常手段に訴えたわけです。彼女はそこで訴訟の争点の当否を論じるのではなく、夫が吟味中松代に拘束されているため、一家の暮らしが成り立たないという点を強く訴えています。史料には「女の一筋」という言葉が繰り返し出てきますが、そこからは生活者としての女性の必死の思いがひしひしと伝わってくるようです。

●文政7年12月——弥惣八派の面々、お慈悲により釈放される

吟味が弥惣八派に不利なかたちで進んだため、弥惣八派の弥惣八・庄左衛門（利兵衛の長男、善蔵の兄）・七郎治は吟味中、牢屋に入れられていましたが、庄左衛門と七郎治は文政7年12月に釈放されました。2人が、自らの非を認めたからです。このとき、庄左衛門と七郎治は、次のような証文を郡奉行所に提出しています。

私どもが今回の一件に関して強情に自己主張したことについて、郡奉行所では不届き至極だとお思いになり、吟味の期間中、牢屋入りをお命じになりました。いまだに吟味は終わっていませんが、厳寒の時期なので格段の「御憐愍《ごれんびん》」（あわれみの情）によって牢から出していただきました。たいへんもったいないことで、重々ありがたき仕合わせに存じます。

これからも、牢内にいるのと同様の気持ちで謹慎いたします。村を離れたりはいたしません。万一、今後私どもの不埒な言行がお耳に達しましたならば、どのような厳罰に処せられようとも一言の不満も申し上げません。このことは、固くお約束いたします。

江戸時代には、今日のように刑法や刑事訴訟法が整備されておらず、吟味中の者の身柄の取り扱いが法で明確に定められていたわけではありません。弥惣八・庄左衛門・七郎治らは刑法犯ではなく、村財政運営の不正を訴え出た民事訴訟の当事者でしたから、牢に入れられる必然性はありませんでした。通常は、町宿での待機を命じられたり、村にいて呼び出しを待つよう言われたりしたのです。

しかし、庄左衛門らは強硬に自己主張して担当役人の心証を害したため、牢に入れられてしまったのです。このように、訴訟当事者の身柄の扱いは、担当役人の裁量いかんに左右されました。そうであれば、いきおい訴訟当事者は担当役人に気に入られるような証言をするようになるでしょう。今からみれば偏った審理の進め方ということになるでしょうが、これが江戸時代の裁判がもつひとつの側面でした。

牢屋入りが担当役人の胸先三寸で決まるのと同様、釈放も担当役人の判断しだいでした。庄左衛門らの場合は、自分たちの非を認めて供述内容を担当役人の意に沿うように改めたために、釈放されたのです。

先の証文には、厳寒の時期なので格別の「御憐愍」によって牢から出されたとありました。供述内容を担当役人の満足するものに変更したことが評価されて、お慈悲で釈放されたのです。勾留《こうりゅう》期限が来たとかいう、法律上の問題ではありません。庄左衛門らも、釈放を「たいへんもったいないことで、重々ありがたき仕合わせ」だと感謝しています。

ここに、江戸時代が身分社会であったことが如実に表れています。身分的に上位にある武士が、下位にある百姓を裁くのですから、百姓は武士に対して身分不相応な自己主張などしてはならないのです。また、牢屋からの釈放も武士のお慈悲のおかげであり、百姓はそれに深く感謝しなければなりませんでした。

3　騒動の鍵を握る、蓮証寺の住職親子

●文政7年12月——キーパーソン・蓮証寺住職の苦しい弁明

文政7年12月には、渦中の人となった蓮証寺住職は、吟味のため呼び出されて松代の町宿にいましたが、そこから本寺（直接の上級寺院）にあたる西尾張部村の光蓮寺に宛てて、次のような書面を差し出しました。

私は、文政6年春に、弥惣八・和平から「南長池村への貸金はありますか」と聞かれたので、「先年は貸金がありましたが、今は一切ありません」と答えました。すると両人から、「そもそも先年から貸金はなかったことにしてください」と頼まれました。

その後、文政7年10月13日ごろに、利兵衛の子庄左衛門が来て、「南長池村への貸金はないことにしてほしいと、弥惣八・和平が言っています。ついては、この文案のとおりに一筆書いてください」と頼まれました。

実は私と庄左衛門は親類でもあるので、それもあって、彼の言うがままに、示された文案どおりの書付を書いて渡しました。

本当のことを言いますと、文化14年ごろに勘定所役人の矢野倉惣之進様が村の負債を調査なさいました。そのときまで私は利兵衛に金を貸しておりましたが、解決金として貸金の一部を返してもらい、それによってその時点で貸借関係はすべて清算しました。

逆に言えば、その時点までは貸借関係があったわけです。にもかかわらず、今回、当初より貸金はないなどと事実に反する書付を渡してしまい反省しております。

文政7年10月25、26日ごろ、利兵衛方へ行って、「先年あなたが私から借金したのは間違いないのだから、上様に対していつまでも偽りを言い続けることはできないでしょう。本心に立ち戻って、私からの借金はあったとありのままに申し上げたほうがいいと思います。そうすれば、私からも金は貸したと事実を申し上げるつもりです」と説得しました。

ところが、そこに同席していた利兵衛の次男善蔵が、「これまで借金はないと言ってきたのだから、どんなことがあろうと今さら事実を申し上げることはできません。絶対に借金はなかったと言い張るべきです」と利兵衛に進言し、私に対しては、「不埒なことを親に言い含めるとは何事だ」とことのほか立腹するありさまだったので、結局そのままになってしまいました（125ページ。このときは、善蔵はまだ弥惣八派にくみしていたので、このように言い張ったのです。また、善蔵に叱責された住職は、12月はじめまでは「貸金はなかった」との立場をとり続けました）。

事実経過は以上のとおりですが、このうえ吟味を受けてはいかなる処罰を被《こうむ》るやもしれません。そこで、ご本寺に当たるあなた様（光蓮寺）におすがりしました。そして、あなた様から立入人を通じて、郡奉行所に事情を話していただきました。この上は、格別のご慈愛をもって上様へのおとりなしをお願い申し上げます。

このように、蓮証寺住職は、これまで利兵衛への貸金はないと言ってきたのは弥惣八・和平・庄左衛門らに頼まれたからであり事実ではないと、義兵衛派の主張に合わせるかたちで供述を翻すことで、情状酌量を願っているのです。

蓮証寺住職は、文政7年12月に、これと同内容の文書を代官所にも提出しています。そこでは、文政7年10月に庄左衛門に頼まれて、弥惣八・和平宛に出した文書（138ページ）では、「以前は南長池村への貸金があったが、清算ずみのため今はない」と書くべきところを、老衰のため「先年より貸金は一切ない」と書き間違えてしまったのだと、年のせいにした苦しい弁明をしています。

●文政7年12月――蓮証寺の住職の子・誠諦の告白

文政7年12月に、蓮証寺住職の子誠諦《じょうてい》は、次のように述べています。

文政7年8月に、代官所から西尾張部村の村役人に、蓮証寺から南長池村への貸金の有無についての問い合わせがきたとき、私はそのことを全然知りませんでした。あとで村役人から聞いたところ、住職の言に従って、村役人は貸金は一切ない旨回答したとのことでした。

そして、村役人たちが、「今あなたが『貸金はあった』と言えば、上様に対して二枚舌を使ったことになり、その罪は逃れがたいですよ」と言うので、どうしていいか困ってしまい、これまで貸金はないと強情を張ってきたのです。

さらに11月7日には、南長池村の利兵衛の女房に、「私の子どもの庄左衛門は、『どんなことがあっても先年の借金について今さら認めるつもりはない』と断言しています。ついては、あなたも貸金はないと言ってください」と念を押されました。それで仕方なく、今まで貸金はないと言い張ってきたのです。

また12月8日のことですが、そのとき親の住職は召喚されて松代に行っており、私は夜遅く寺に帰ってきました。その晩私の帰宅前に、西尾張部村の者たちや、南長池村の善蔵・利兵衛の女房らが寺を訪ねてきたようです（125〜126ページの善蔵の証言とはやや食い違っています）。そのことが翌朝にはもう上様のお耳に入ったようで、私はそれを本寺の光蓮寺住職から聞かされてびっくりしました。けれども、私は親のいない間に彼らと密談したりはしておりません。

これまで強情を張ってきたことについては、お詫びの言葉もございません。

このように、文政7年12月の時点では、蓮証寺の住職親子は完全に義兵衛派と藩の担当役人の側に立った証言に転換していたのです。

なお、弥惣八・寅蔵・弥八の3人は、吟味が自分たちに不利なかたちで進んでいることを知り、文政7年12月から翌8年1月にかけては病気と称して郡奉行所に出頭しませんでした。藩の側は、医師の診断書を提出させたり、村役人に3人の病状を報告させたりしています。村役人のなかに、義兵衛派の中心人物である長百姓又左衛門が入っていたせいでしょうか、村役人たちは、3人の病状はたいして重くはないと報告しています。

●文政8年3月――弥惣八派に自白を強要すべく拷問の用意

以上みたように、文政7年11月から12月にかけて、弥惣八派のメンバーは相次いで自らの非を認め、それまでの主張を撤回しました。これで、すぐにも郡奉行所の担当役人の思惑どおり、義兵衛派勝訴で決着がつきそうでしたが、事態はそう簡単には収まりませんでした。

弥惣八・寅蔵・弥八の3人が、頑として主張を曲げなかったのです。そのため、文政8年に入っても吟味は続きました。前年同様、吟味は郡奉行所が主導し、職奉行所へも関係書類を回して意見を求めつつ進められました。

文政8年3月23日に、職奉行岡野弥右衛門《おかのやえもん》は郡奉行金井左源太《かないさげんた》に書状を送って、「お手数ですが、そろそろ結論を出していただかないとすまないでしょう。今、牢に入っている弥惣八ら3人は、いずれも不埒者のように存じます。彼ら3人については、立入人たちもいかがわしく思っている以上、これからの吟味では事によったら『道具』を使って糾問するのも仕方のないことだと存じます。そちらの都合しだいで、吟味を進めてください」と述べています。

立入人たちの判断をも勘案して、職奉行岡野は弥惣八らはクロだとの心証を抱いているのです。しかし、江戸時代の裁判は自白主義でした。自白が、決定的に重視されたのです。この一件では、吟味の過程で関係者への尋問や証拠書類の調査が行なわれてきました。しかし、それだけで判決を下すことはできず、最終的には弥惣八らの供述が必要だったのです。そして、それを得るためには、拷問も容認されていました。

岡野の文中にある「道具」とは、拷問道具のことだったのです。岡野は、長引く吟味を終結させるために、積極的ではないものの拷問の実施を容認しているのであり、これが江戸時代の裁判がもつ過酷な一面でした。ただし、この一件で実際に拷問が行なわれたかどうかは史料上確認できません。

第三幕

明るみに出る、義兵衛派の村財政私物化

義兵衛派に有利に進んでいた吟味の流れは、ひとつの証言によって大逆転することになります。蓮証寺住職の息子が、覚悟を決めてそれまでの主張を撤回し、弥惣八派を全面的に支持したのです。

この魂の主張に藩も動かされ、それまでの吟味は白紙に戻されてゼロからの再審理となりました。すると、村財政の不明朗な実態や、立入人《たちいりにん》三郎治の暗躍など、義兵衛派に不利な事実が次々と明るみに出てきました。こうして、吟味の様相は一変することになるのです。

1　義兵衛派有利の流れを一変させた証言

●文政8年6月――誠諦、再度主張を変え「利兵衛にカネを貸していない」と証言する

ここまでの話の流れを、簡単に振り返っておきましょう。まず、名主の後任をめぐって一件は始まりました。それが、古役人（義兵衛・又左衛門）の村財政運営をめぐる不正疑惑に発展し、疑惑の焦点は利兵衛の蓮証寺からの借金の有無に絞られていきました。義兵衛派が借金はあったがすでに返したと言うのに対して、弥惣八派はそんなものははじめからなかったと言って、両者は真っ向から対立し、藩の吟味を仰ぐことになったのです。そして、藩の審理が義兵衛派に有利に進められたため、当初弥惣八派だった村人たちも、相次いでそれまでの主張を撤回していきました。

そうしたなかにあっても、弥惣八・寅蔵・弥八の3人は、文政8年（1825）4月以降も従来の主張を変えなかったため、さらに吟味は長引きました。そして、文政8年6月には、それまでの吟味が180度ひっくり返るような大事件がおこりました。蓮証寺の住職が、突然出奔《しゅっぽん》し、それをきっかけに住職の子誠諦が、それまでの証言を全面的に撤回したのです。彼は、当初は、南長池村への貸金はないと言っていまし

た。それが、文政7年12月には、一転して貸金の存在を認めました（140ページ）。そして、今回、再度主張を変え「貸金はなかった」と証言したのです。誠諦が郡《こおり》奉行所に提出した願い書から、彼の言うところを聞いてみましょう。

　文化14年（1817）に矢野倉惣之進様が南長池村の再建のために来村されたとき、利兵衛は蓮証寺から借金していると嘘の申告をしました。矢野倉様が、「それでは蓮証寺から、金を貸している旨の一札《いっさつ》（証文）を取ってくるように」とおっしゃったということで、利兵衛がやって来て、金を貸したことにしてほしいと頼まれました。

　住職は断りましたが、利兵衛は、「一札を書いたからといって、何の問題もありません。南長池村の再建にも役立つことなので、ぜひ貸し主になってください。もし書いてくれなければ、私は矢野倉様に一言の申し訳も立ちません」と必死にすがりついてきました。

　そのため、住職は事態がこれほど紛糾するとは思わずに、貸し主になることを承諾してしまいました。けれども、もともと金を貸した事実は一切ございません。

　ところが、その後、南長池村では、村財政の不正疑惑問題がおこりました（そこで弥惣八が、蓮証寺から利兵衛への貸金が架空のものだったことを問題にすると、実際にもともと貸金はなかったので、蓮証寺も利兵衛も弥惣八に同調して貸借関係を否定しました）。その最中の文政7年11月22日に、利兵衛の次男善蔵にばったり会った際、彼は、「私は蓮証寺から借金があった旨申し立てて、罪を逃れるつもりです。あなたたちも貸金の存在を認めて、罪を逃れたほうがいいですよ」と勧めました（このときまでに、善蔵は主張を転換して、借金の存在を認めたのです）。私は、親と相談すると答えました。

翌日にもまた善蔵から同じことを言われたので、「今さら貸金があったと認めたら、二枚舌だということになってしまいます。どうやって罪を逃れるんですか」と尋ねたところ、「先年は貸金があったが、すでに返済ずみで今はないと言うんです。それにもかかわらず、『前々から貸金はなかった』という偽りの一筆を書いて庄左衛門に渡した（138ページ）のは、和平と弥惣八から頼まれたからだと言えばいいんですよ。和平と弥惣八は今は村方《むらかた》を混乱させた首謀者だということになっていますから、彼らに罪をなすりつければいいんです」と言われました。

私が、「今は貸金がないのならば、どうして蓮証寺からの借金なるものを、今も村人たちが分担して返済し続けているのですか」と尋ねますと、善蔵は、「それは、『現在村人たちが支出している金は、ご領主和田十郎左衛門様への経済的援助のためのものです』と説明すればいいんです。そして、和平と弥惣八のせいにすれば、何の問題もありません」と答えました。

12月6日には、この一件の仲裁に入っていた問御所村《といごしょむら》（南長池村の3キロほど西方にある）の七郎右衛門《しちろうえもん》が来て、「今日は、私個人として来たのではなく、郡奉行所の御内意を受けて来ています。『この一件をつきつめて吟味すれば、蓮証寺住職を牢に入れることになるだろう。それでは何とも気の毒である。ついては、七郎右衛門が住職を説得せよ』というのが、郡奉行所の御意向です。だから、貸金はあったと認めなさい」と言われました。

翌12月7日に郡奉行所からの呼出状が来たので、住職は松代の町宿に出向きました。そこに七郎右衛門と立入人（東寺尾村三郎治ら。112ページ）が来て、「貸金がないと言い張っては、今までの担当役人のお取り調べがすべて無駄になってしまいます。そのうえ、お殿様の統治の規準・作法からも外れることになります」と言いました。

そう言われて、お殿様の統治原則という大問題に抵触することになっては申し訳ないと思い、これまでの主張を撤回して貸金の存在を認めました。けれども、実際は金を貸した事実は一切ございません。

その後、年が明けて文政8年5月18日に、お白洲《しらす》において、住職と弥惣八（当時も牢に入れられたままでした）とが、貸金の有無をめぐって直接対決することになりました。

住職は、対決の場で貸金はあったと主張しましたが、弥惣八が承服しなかったので議論は平行線となり、対決を経ても一件の先行きはまったくみえないありさまでした。そうしたなかで、思い詰めた住職は、書き置きを残して出奔してしまいました。住職の出奔の原因は、元をただせば文化14年に利兵衛親子の謀計によって貸した主に仕立てられたことにあるのです。

これほど一件が紛糾し、上様にもご迷惑をおかけしている根本原因は、利兵衛親子が謀計をもって事態を取り繕《つくろ》ったところにあります。住職が寺を去るというのはただならぬことですので、そこから真相を察していただきたく存じます。利兵衛親子を吟味していただければ、真実が明らかになると存じます。上様のご憐憫《れんびん》のお気持ちを願っております。

●文政8年6月――誠諦はなぜ、再度主張を変えたのか？

以上が、誠諦の主張です。彼は、当初は、南長池村への貸金はないと言っていました。それが、文政7年12月には、一転して貸金の存在を認めました。そして、今回、再度貸金はなかったと主張を変えたのです。結局、当初の主張に戻ったことになります。

困窮していた南長池村は、文化13、14年に、藩の指導・援助のもとで、村の再建に取り組むことになりました。その直接の担当者になったのが、矢野倉惣之進です。彼は、村人たちひとりひとりの借金の額を調べました。そのとき、利兵衛は、蓮証寺からの借金があると嘘の申告をしたのです。これは、村役人（文化13年の名主は又左衛門、文化14年は義兵衛でした）も承知していました。なぜ利兵衛が嘘の申告をしたのかわかりませんが、借金を過大に申告することで、藩の援助をよけいに引き出そうと考えたのかもしれません。とにかく、文化14年時点では、利兵衛・蓮証寺・村役人が合意のうえで、蓮証寺からの借金があると矢野倉に申告し、矢野倉もそれを信じて、その返済方法を指導したのです。

ところが、文政7年に、弥惣八が村財政の不正を追及した際に、不正のひとつとして、この借金問題を取り上げました。そうなると、実際もともと借金はなかったので、利兵衛も蓮証寺も弥惣八を支持して、貸借関係を否定しました。

しかし、藩の吟味が義兵衛派に有利に進むのをみて、文政7年11月には、利兵衛・善蔵の親子は借金はあったと主張を変えました。11月時点では、蓮証寺住職親子はまだ態度を決めかねていましたが、12月にはやはり「金は貸した」と述べるにいたったのです。

そして、文政8年6月になって、住職は出奔し、誠諦は再度貸金はなかったと事実を主張したわけです。

彼の言うところに従えば、文政7年12月に貸金の存在を認めたのは、問御所村の七郎右衛門や立入人らに、「貸金がないと言い張っては、今までの担当役人のお取り調べがすべて無駄になってしまいます。そのうえ、お殿様の統治の規準・作法からも外れることになります」と言われたからだということです。担当役人ばかりか、藩主のメンツまで潰すつもりか、と言われて、仕方なくそれまでの主張を撤回したというのです。

また、担当役人は、七郎右衛門を通じて誠諦に内意を伝え、住職の入牢をちらつかせて、誠諦の翻意《ほんい》を促したようです。担当役人は、白洲での正式の吟味と並行して、裏で立入人らを使って内意を示すことで当事者の供述をその方向に誘導するという、二面作戦をとっていたのです。

ところが、文政8年6月にいたって、誠諦は再度主張を転換しました。そのきっかけは、蓮証寺住職の出奔です。同年5月に、白洲で弥惣八と対決した住職は、そこで虚偽の主張をしなければならなかった精神的苦痛により出奔してしまったのです。父親がそこまで苦しんでいたということを悟った誠諦は、担当役人の内意や立入人からの圧力をはねのけて、事実を語ることを決めたのでした。

とすると、元をたどれば、誠諦を動かしたのは、あくまで自己主張を貫いた弥惣八だということになります。彼は、さまざまな圧力にも屈せず、頑として節を曲げなかったのです。そして、弥惣八の頑固さが、蓮証寺住職へのプレッシャーとなって彼の出奔を生み、その父の出奔が今回誠諦が主張を再転換する契機になったのです。

江戸時代の百姓のなかには、彼のように、武士や僧侶に対しても臆することなく言うべきことを言う者がいました。その数は、19世紀になると一段と増えてきました。当時の史料では、彼らを「強情者」とか「剛胆者《ごうたんもの》」などと呼んでいます。この一件でも、弥惣八のような強情者の一貫した姿勢が、住職の出奔を生み、誠諦の主張を転換させ、そして吟味全体の流れを大きく変えることになったのです。

しかし、弥惣八とは対照的な百姓もいました。たとえば、利兵衛・善蔵親子です。彼らは、当初は弥惣八に同調していましたが、形勢不利とみるや態度を一変させました。そして、「罪は弥惣八や和平になすりつければいい」と公言していたようです。

彼らは、けっして頭が悪かったのではありません。むしろ、機を見るに敏だったのです。その証拠に、実際には蓮証寺からの借金はないのに、村人たちがあると信じて返済を続けていた点については、その金は南長池村の領主和田十郎左衛門への経済的援助に充てていたことにすればいいと、ちゃんと弁解を用意しています（これは、義兵衛派の共通の主張でした。102ページ）。

このように、江戸時代の裁判のツボを心得て巧みに立ちまわる百姓、自己の保身のために知恵を使う百姓が増えてきたことも、19世紀のもうひとつの特徴でした。

ともあれ、誠諦は前記の「貸金はなかった」との願い書を郡奉行所に提出しました。しかし、この訴えを認めれば、それまでの吟味は振り出しに戻ってしまいます。それまでは、蓮証寺の貸金はあったという前提で吟味が進んでいたからです。そのため、郡奉行所はこの願い書を取り上げませんでした。

しかし、腹をくくった誠諦はあきらめません。今度は、大目付《おおめつけ》役所に駆込訴《かけこみそ》を決行しました。この訴えは取り上げられ、文政8年6月には、一件は評定所（後述）での吟味に移されています。

ここまでのところをまとめておきましょう。郡奉行所での吟味は、自らの下部機関である勘定所の役人矢野倉惣之進の、貸金の存在を前提とした処置をふまえて、当初から一定の予断をもって進められました。シナリオにもとづく吟味といってもいいでしょう。そして、牢屋入りや、場合によっては拷問も辞さない強圧的姿勢、吟味前に

「内意」を示しての誘導、さらには藩主の権威までもちだすことによって、当事者から シナリオに沿った供述を引き出していきました。

最終的には、シナリオに沿ったかたちで両当事者が和解することが想定されていたのでしょう。ここからは、百姓は武士による吟味に従うべきもの、お殿様の御威光に平伏すべきものという、権威主義・御威光第一主義の姿勢がみてとれます。

しかし、用意されたシナリオにあくまで従わない者がひとりでもいると、吟味は暗礁《あんしょう》に乗り上げてしまうのです。そして、状況の打開のため、郡奉行所単独ではなく、一級上の評定所においてあらためて審理が続けられることになったのです。

2　明るみに出る「村役人の不正疑惑」

●文政8年6月――藩役人、あらためて実態調査に乗り出す〈藩役人の調査報告書・その1〉

評定所とは、家老・郡奉行・職奉行・町奉行・大目付・目付など藩の重役たちで構成される、藩の最高意思決定機関です（69ページの図参照）。現在の内閣兼最高裁判所のようなものです。この一件は、当初は代官所で、次いで郡奉行所で吟味され、それでも決着せずに、ついに評定所まで上がってきたのです。地方裁判所↓高等裁判所↓最高裁判所と審理が進んできたようなものです。

ただ現代と違うのは、代官所や郡奉行所で明確な判決が出されていないことです。代官所や郡奉行所が独自に判決を出すには手に余る案件だという理由で、評定所での審理になったのです。逆にいえば、江戸時代は一審制ですから、代官所や郡奉行所段階で何らかの判決が出ていれば、この一件が評定所まで上がってくることはなかったでしょう。

藩の側でも、それだけこの一件を重要視していたといえます。見方を変えれば、弥惣八の不屈の態度が、藩首脳に一件の重要性を認識させたということです。

この時点で、吟味は仕切り直しとなりました。藩としても、これまでの予断はいったん白紙に戻して、あらためて実態調査に乗り出さざるを得なくなりました。その調査報告書が残っていますので、そのいくつかをご紹介しましょう。文政8年6月のものと推定される一通は、次のような内容です。

一、訴訟の当初、南長池村の者たちは、松代の町宿に泊まっていた。その折、新町《しんまち》村《むら》の源之丞《げんのじょう》（81ページで述べたように、彼は名主の後任選出の際に仲介に入っています）も用事があって同じ町宿に宿泊していた。

そこへ、扱人《あつかいにん》（立入人、仲裁者）の東寺尾村三郎治がやって来て、源之丞に言うには、「このたび訴訟の仲裁に取りかかったけれども、すぐには片づかないと思います。義兵衛派が20両余の賄賂をあちこちに贈っているので、容易にはすまないでしょう」とのことだった。この話は、弥惣八派の者たちも皆知っている。

一、義兵衛派の者に、「明日出頭せよ」との召喚状が来たとき、当日になって松代に来ればいいものを、前夜から扱人の所に来てあれこれ内談しているという噂がある。

一、文政6年には甚右衛門が名主を務めていたが（79ページ）、老年のため、古役人の又左衛門と義兵衛に、村財政をすべて任せ切りにしていた。ところが、同年暮れにいたり、多額の金が手元に余ってしまった。甚右衛門が又左衛門と義兵衛に尋ねたところ、翌年まで手元に置いておくよう言われたので、そのまま預かっておいた。

また、同年、藩から村に籾《もみ》19俵余が下付された。この籾の扱いについて甚右衛門が古役人たちに尋ねると、これも甚右衛門の手元で預かっておくよう言われたので、売却してその代金を預かっていた。

その後、文政7年9月に、村人たちが村役人の財政運営に疑念を抱き、大勢の者が甚右衛門方にやってきて調査した。すると、多額の金が甚右衛門の手元で不明朗な状態になっていることが判明した。村人たちが問い質すと、甚右衛門の返答は、「金が余ったので自分が預かっておき、文政7年6月には一部を義兵衛に引き継いだ」というものだった。

これらの甚右衛門の手元にあった不明朗な金については、文政7年暮れに甚右衛門から全額各戸に割り返されたとのことである。

●調査報告書で指摘された、不明朗な村財政

この報告書には、①義兵衛派が、藩の関係者に賄賂を贈ったり、吟味の前に扱人と密談したりしていたこと、②甚右衛門が、村の財政運営をすべて古役人の又左衛門と義兵衛に任せ切りにしており、その過程で不明朗な部分が生じてきたこと、が記されています。義兵衛派に不利な事実が明るみに出てきたのです。

報告書の3条目で問題になったのは、村役人の手元にある金のことでした。文政6年に名主を務めた甚右衛門は、村財政を古役人2人に任せっぱなしだったため、手元に村の金が余っても、それをどうしていいかわかりませんでした。そして、2人の言うがままに、籾の売却代金等を手元に預かったままにしておいたのです。

これは明確な横領・着服とはいえないかもしれませんが、村人たちからすれば、藩からいただいた籾は村人全員のものであり、その売却代金は速やかに各戸に分配すべきであるということになります。そして、甚右衛門がその金をいつまでも手元に置いていたことを問題視したのです。

この籾売却代金等については、甚右衛門の不手際であることが明らかとなり、文政7年暮れに各戸に分配されました。そして、これは甚右衛門ひとりの問題ではなく、甚右衛門にそのような対応を指示した古役人の責任でもあったのです。

藩役人による調査の結果、こうした事実が明らかになり、それは評定所メンバーに報告されました。

●文政8年6月——藩役人の調査報告書〈その2〉

別の調査報告書には、次のように記されていました。

文政4年には、甚右衛門（157ページの甚右衛門と同一人物）が名主を務めていた。けれども、甚右衛門は老人なので、名主とは名前のみで、年貢上納など村運営全般は義兵衛と又左衛門に任せていた。

文政４年暮れに、又左衛門は甚右衛門から金を受け取り、あちこちへの上納をすませた。甚右衛門が、又左衛門からそれに関する勘定の明細書をみせてもらい、また自分でも調べたところ、使途不明金が発生しており、又左衛門が甚右衛門を欺いて村の金を横領していた疑いが強くなった。

総じて、義兵衛と又左衛門はたいへんよろしからざる者で、従来からこうした私腹を肥やす邪《よこしま》な取り計らいをしてきたものと思われる。

この報告書からは、甚右衛門の名主役が実は名前だけで、村運営の実権は古役人の又左衛門と義兵衛が握っていたという実態が浮かび上がってきます。南長池村では、この時期、名主は1年任期（再任可）で、毎回投票で後任を選んでいました。特定の家の戸主が代々名主を世襲するのに比べれば、民主的なやり方だといえます。しかし、その裏側では、２人の古役人が名主を操縦しつつ、私腹を肥やしていた疑いが強まってきたのです。江戸時代の村について深く知るには、制度的な仕組みだけではなく、運営の実態にまで踏み込む必要があるのです。

ともあれ、こうして藩役人の２人に対する心証はしだいに悪くなっていきました。

●文政8年7月——藩役人の調査報告書〈その3〉

もう一通、甚右衛門ら過去の名主経験者から事情聴取した結果の報告書をあげておきましょう。

甚右衛門の供述は、次のとおりである。

「文政4年に私（甚右衛門）が名主を務めていたとき、勘定所のお役人様から、『南長池村が勘定所から拝借している金の返済が滞っている。文政2年と3年の返済分が未納となっているので、すぐに上納せよ』と厳しく催促されました。

そこで、私が、文政3年に名主だった又右衛門《またえもん》（又左衛門と間違えないでください）のところに行って、『文政3年の返済分は、どういうわけで上納していないのか』と尋ねたところ、又右衛門の返答は、『上納の件は、すべて又左衛門に任せてある。同人から上納したはずだが、どうして手違いが生じたのだろうか。いずれ、又左衛門にかけ合ってみる』とのことでした。

私からも直接又左衛門にかけ合ったところ、『未納分は、自分（又左衛門）がうまく取り計らっておく』とのことでした。又左衛門がそう言うのでそのままにしておいたところ、その後勘定所からは一向に催促がありません」

以上の甚右衛門の供述を受けて、次に文政2年に名主だった七兵衛《しちべえ》に、同年分の滞納について尋ねたところ、七兵衛は以下のように供述した。

「文政2年の返済分については、村人たちから全額徴収し、その金は又左衛門に渡して、上納は彼に任せておきました。ですから、文政4年まで、未納があったということはまったく存じませんでした。けれども、又左衛門から渡された返済金の受取書（勘定所から村宛のもの）の文言に不審な点はありました。それについては彼に尋ねましたが、問題ないと言うのでそのままにしておきました」

また、近年名主を務めた者たちは、口を揃えて次のように述べている。

「又左衛門は、文化14年以降ずっと名主の下役（長百姓など）を務めています。そのため、彼だけが藩や民間からの村の借金（村の全戸が返済義務を負う）の全体を把握しています。ですから、歴代の名主も彼にすべてを任せてきました。村運営に必要な帳面類も、名主宅には置かずに、すべて又左衛門の手元に置いていました。彼は、帳面類を村人たちにはけっしてみせず、万事自分の一存で取り計らっていました」

また、名主の後任をめぐるいきさつについては、以下のことが判明した。

弥惣八が名主になっては、これまでの村財政運営の内実を穿鑿《せんさく》されることになる。そうなると、言い訳のできないことが出てくる。そこで、文政7年7月には、義兵衛派の9人が、弥惣八を失脚させようとして、代官所に願い書を差し出した（82ページ）。しかし、願い書は取り上げられなかった。

そこで、義兵衛と又左衛門は、東寺尾村の三郎治に相談した。三郎治が言うには、「あなた方だけで願い書を差し出したから、取り上げられなかったんです。小前（一般の百姓）たちから、『弥惣八に名主を務めさせては、村内が治まりません』との意見が出されれば、あなた方の願い書も取り上げられるでしょう」とのことだった。

そこで、小前の喜平太《きへえた》（彼は義兵衛の親類でした）を仲間に引き入れて、喜平太から小前たちに、「弥惣八に名主を務めさせては、村内が治まらない」旨の願い書を差し出すよう勧めさせた。喜平太は小前たちにいろいろと勧めたが、小前たちは必ずしも同調せず、かえって反対意見を述べる者もいたようである。

このように、藩役人が歴代の名主から事情聴取したところ、彼らは口を揃えて、村運営の実権は又左衛門と義兵衛が掌握しており、村の重要帳簿もずっと又左衛門が保管していたことを証言したのです。これによって、古役人2人による村財政私物化の疑いはさらに深まっていきました。

3　義兵衛派による、名主の選挙をめぐる裏工作

●訴訟のアドバイザー、三郎治の暗躍

名主の後任をめぐるいきさつについても、興味深い事実が明らかになってきました。前述のように、南長池村は、文化14年以降代官所から勘定所の管轄に移されて、村の再建が図られてきました。そして、文政7年夏には再び代官所の管轄に戻されたのです。その管轄交代の機をとらえて、義兵衛派は弥惣八に頭立を辞任させて村政から排除しようとしました。

しかし、彼らの思いどおりにはいかなかったため、又左衛門と義兵衛は東寺尾村の三郎治に相談しました。そこで三郎治は、小前たちから「弥惣八の名主就任には反対である」との声を上げさせることが重要だとアドバイスしました。それを受けて、又左衛門らは、小前の喜平太に勧めて、小前からの願い書を出させようとしたというのです。

では、三郎治とは何者でしょうか。彼は、東寺尾村の百姓でした。東寺尾村は、松代城下の北側に隣接する村でした。そのため、城下町の住民の需要に応える商人や職

人が多く住んでおり、都市化の進んだ村でした。また、城下に出るのは簡単であり、城下の情報もすぐに伝わってきました。

三郎治は、こうした立地条件を活かして、南長池村の一件を含めたいくつもの訴訟に立入人として関わっています。彼は、南長池村の一件に関しては、立入人になる前から、義兵衛派の相談相手として関与していたのでした。その意味では、後に立入人となるには不適格だったといえるでしょう。立入人には、公正中立さが求められたからです。

そして、当初、この一件が義兵衛派に有利に進んだ背景には、立入人三郎治の義兵衛派寄りの言動があったのです。

●義兵衛らの策略――〝つくられた〟小前惣代

それはさておき、本書86～87ページで、文政7年9月に喜平太らから差し出された願い書を紹介しました。この願い書で、喜平太らは、弥惣八の名主就任に強く反対していました。そこで私は、「小前たちも、村役人批判で一枚岩だったのではなく、なかには村役人を支持する者たちもいたのです」と述べました。しかし、この願い書を額面どおりに受け取ってはいけなかったのです。

じつは、この願い書は、又左衛門と義兵衛が、三郎治の入れ知恵によって、喜平太らに出させたものでした。喜平太らは、自発的に願い書を出したのではなかったのです。彼らは、いわば「つくられた小前惣代（小前たちの代表）」でした。先に、弥惣八らが、自派の小前惣代に、願い書に仮名を振るなどいろいろと作戦指導していたことを述べましたが、義兵衛派も同じようなことをしていたのです。

この時期、松代藩は、有力百姓だけでなく、小前たちの意向も積極的に聞く姿勢をみせていました。領内の統治に際して、小前たちの意向が無視できないものになってきたのです。そうした世論重視の姿勢自体は、けっこうなことだといえます。しかし、こうした藩の姿勢を逆手にとって、意図的に「小前の声」なるものを作り出し、それによって訴訟を有利に導こうとする者が現れたのです。百姓のなかからこうした訴訟テクニックに長けた者が出現することによって、裁判は百姓と武士との駆け引きと騙《だま》し合いの場という様相を呈してきました。ここから、江戸時代の訴訟を考えるときには、正式に提出された文書の字面だけを鵜《う》呑《の》みにしてはならないことがよくわかります。

なお、三郎治は、その後こうした不正な訴訟への関与が発覚して、文政12年5月には以後訴訟の立入人になることを禁じられています。彼は、いくつもの訴訟に首をつっこんでは一方に有利になるように行動して、それによっていくらかの謝礼を受け取っていたのでしょう。訴訟が頻発した江戸時代は、訴訟を食い物にする存在をも生み出していたのです。ただし、南長池村の一件は、彼の思惑どおりにはいきませんでした。

4 藩役人への賄賂と、「訴訟知」の発達

●文政8年6月――又左衛門らから藩役人への「付け届け」の実態

文政8年6月に、又左衛門が郡奉行所の質問に対して行なった内密の回答からは、村と藩役人との金品授受のようすが具体的にうかがえます。

すなわち、文政4年には、南長池村から、勘定役夫妻に歳暮として真綿《まわた》代金2分、鱈《たら》代銭572文、出奔した善右衛門の件（77ページ）で世話になった御礼として、職奉行所の同心《どうしん》（下級役人）に葉煙草6斤《きん》の代銀12匁、肴《さかな》代銭672文、松本名右衛門《まつもとなえもん》という藩士に年中世話になった御礼として歳暮に金1分をそれぞれ贈っているのです。

また、文政6年にも、勘定役夫妻に年中世話になった御礼として歳暮に真綿代金2分、鱈代銭564文、松本名右衛門には歳暮などとして金3分をそれぞれ贈っています。

又左衛門は、以上はすべて村役人が相談のうえで支出したものだと述べています。

ここから、村と藩の担当役人との間で、恒常的に金品授受が行なわれていたことがわかります。これを賄賂とみるか、歳暮などの儀礼的な贈答とみるかは難しいところです。こうした金品授受は、江戸時代には広範に行なわれていました。これは人間関係を円滑にするはたらきをもった反面、明確な賄賂につながっていく危険性もありました。諸刃の剣だったといえるでしょう。

ただし、江戸時代にあっても、こうした利害関係者間の金品授受が公然と認められていたわけではなく、あくまで内々に行なわれていたのです。そのため、村の財政帳簿にも明確に記載することができず、それが弥惣八派の疑惑を増幅させることにもなったのです。

●百姓たちが学んだ、訴訟技術のマニュアル集

19世紀には、三郎治のような訴訟技術に長けた百姓たちが全国各地に生まれていま

した。ほかの地域の事例を、少しみてみましょう（以下の記述は、八鍬友広氏の研究による）。

山形藩の大庄屋《おおじょうや》（各村の庄屋の上に立って、複数の村々を統括する役職）を務めた佐藤《さとう》理兵衛《りへえ》は、宝永6年（1709）に、和歌のかたちで、子孫に訴訟の心得を書き残しました。そのうちのいくつかをご紹介しましょう。

① 懸け公事《くじ》（訴訟）は　その数々を残りなく　証拠正しく申し出づべし

② 十のもの　一つ残すは公事ごとの　秘事と知りつつ気配りをせよ

③ 公事はただ　懸けてするより請けてよし　請けては勝ちの多きことあり

①は、懸け公事、すなわちこちらが原告となった訴訟においては、自らの主張点を余すところなく、かつ証拠にもとづいて明確に主張せよということです。

②は、すべての論点や証拠を最初からすべて開示してしまうのではなく、10のうち1つくらいは胸にしまっておいて、訴訟の進み具合をみながら、もっとも効果的なタイミングでそれを出すのが、訴訟に勝つ秘訣だということでしょう。最初から手の内を明かさずに、切り札はあとまでとっておくことを勧めているのです。

③は、訴訟は原告となるより被告となったほうが、勝訴する可能性が高いということです。受けて立つほうが強いというのです。

こうした心得の当否はさておき、18世紀初頭において、訴訟技術の重要性が、民間の上層にまで広く認識されていたことは確かです。

別の例をあげましょう。越後国《えちごのくに》の水原《すいばら》代官所管内においては、19世紀になると、村役人たちの間に「訴訟関係文書文例集」とでもいうべき書物が広まっていました。これは、訴訟の際に提出するさまざまな文書の文例を集めたものです。この書物は、次々と書き写されることによって流布しました。

そこには、金銭貸借に関する訴訟、質入れした土地に関する訴訟などと、訴訟の種類ごとに、原告側の訴状と被告側の返答書の文例が示されていました。庄屋の職務に関わる訴訟の文例もありました。

第一部でみたように、17世紀には、実際の訴訟で提出された文書が流布しましたが、19世紀には、それに代わって、多種多様な訴訟に対応できる雛形《ひながた》文例集が広まったのです。こちらのほうが、より多様な訴訟に対応できたからです。こうした文例集を学ぶことで、百姓たちはより深く訴訟技術を身につけたのでした。

最終幕

評定所での判決と、その後

争点が複雑に絡み合い、二転三転した吟味も、ついに決着を迎えます。ここまでの流れからは、弥惣八派の逆転勝訴かと思われましたが、簡単にそうはならないのが江戸時代の裁判でした。

藩の基本姿勢は、事実と法律にもとづいて黒白をはっきりつけることよりも、事態を丸く収めて両派の対立関係を修復するところに主眼がおかれました。司法判断よりも、政治的判断を優先させたといえるでしょう。そこに、今日とは異なる、江戸時代の裁判の特質が浮き彫りにされてきます。

しかし、そうした判決で、弥惣八派を納得させることは至難の業であり、判決の言い渡し日が近づくにつれて、藩の奉行たちの間で緊張が高まっていきました。

1　最上級機関、「評定所」での吟味

●文政8年8月——評定所のメンバー、内々に意見のすり合せをする

文政8年6月の誠諦の事実暴露と、それに続く藩役人の実情調査によって、又左衛門と義兵衛の不正な村運営が明るみに出されてきました。その結果、7月には今度は彼ら2人が牢に入れられる羽目になりました（8月には出牢を許され、身柄は町宿に預けられました）。他方で、弥惣八・和平（彼は、このときは、また弥惣八派についています）らは牢から出され、ここに形勢はまったく逆転しました。

その後の吟味は、どのように進んだのでしょうか。ここでは、担当役人による吟味の具体像をみるために、文政8年8月2日に郡奉行の岡嶋荘蔵《おかじましょうぞう》と金井左源太《かないさげんた》が、職《しょく》奉行・町奉行ら評定所メンバーに回した書面をあげておきましょう。

この書面は、義兵衛派の喜平太らが、郡奉行のところに内々に願い出てきたことを受けて出されたものです。

南長池村の甚右衛門のことで、ご相談します。彼はこれまで名主を務めてきましたが、文政8年2月には詮議中手鎖《てぐさり》（手錠）をかけられ、身柄を村に預けられました。その間は仮の名主を立てておきましたが、このほど改めて甚右衛門に名主を命じました。

ところが、同村の喜平太らが、われわれ（郡奉行の2人）のところに、内々で次のように願い出てきました。

「去年から名目上は甚右衛門が名主でしたが、村の重要文書が入った「御用箱《ごようばこ》」（書類を入れる木箱）は内々で義兵衛の家で保管していました。ところが、このたび義兵衛が牢に入れられたため、御用箱は甚右衛門方へ引き取られました。

しかし、甚右衛門の家には文政8年4月から、利七《りしち》という者が病気と称してずっと滞在しています（利七は江戸の者でした）。この利七が重要文書に不正な取り計らいをするおそれがあります。また、かねて申し上げておりますように、甚右衛門には私欲の行ないがあるので心配です」

こうした願いが出されたので、御用箱をこのまま甚右衛門方に置いておいてもよいか、それとも吟味中はほかの者を仮名主にしておくほうがよいか、お諮《はか》りします。腹蔵のないご意見をお聞かせください。

文政6年以来、南長池村の名主役は非常に不安定な状態になっていました。文政7年5月の合意では、文政7、8両年は義兵衛が名主になるということになりましたが、村内の対立のため、文政6年に名主だった甚右衛門がそのまま続投していたのです。ところが、甚右衛門は弥惣八派に同調したため、文政8年2月には手鎖・村預け（身柄を村に預けて謹慎させること）の処分を受けました（※1）。

甚右衛門は、その後、弥惣八派寄りの主張を撤回したので赦免され、8月には再度名主に任命されました。ところが、今度は、義兵衛派の喜平太らが、甚右衛門の名主復帰には反対だと申し出てきたのです。

先述したとおり、名主役は、村人たちの意向を尊重しつつ、最終的には藩が任命するものでした。そのため、郡奉行たちも喜平太らの反対意見（これも村人たちの意向には違いありません）を無視するわけにはいかず、評定所メンバーの意見を聞くことにしたのです。これに対する各自の意見は、次のとおりでした。

石倉源五左衛門《いしくらげんござえもん》（職奉行）……不承知の者がいるのならば、甚右衛門を名主にするのは取りやめたほうがいいと思います。

小野喜太右衛門《おのきたえもん》（町奉行）……石倉様のおっしゃるとおり、甚右衛門の名主役任命は取りやめにして、仮名主を任命するのがいいのではないでしょうか。喜平太らの申し立てによれば、このままでは村の重要文書がどのように取り扱われるか心許《こころもと》なく存じます。

片岡主計《かたおかかずえ》（**町奉行**）……甚右衛門は吟味中は名主にしないほうがいいと思います。ほかの村人たちは、甚右衛門が名主になることを心よく思わないのではないでしょうか。

岡野弥右衛門《おかのやえもん》（**職奉行**）……ほかの方々と同意見です。喜平太らの申し出があるにもかかわらず、甚右衛門を名主にした結果、万一重要文書が紛失でもしたら問題だと思います。

このように、発議者が文書を回し、関係役人たちが文書の末尾にそれぞれ自分の意見を書き込んでは次の人に送るというかたちで意見が集約されています。関係者が一堂に会して議論するのではなかったのです。今日の持ち回り会議やメール会議のようなものです。ただし、彼らはみな藩の要職で、日々松代城内に出勤していましたから、意見の集約は8月2日中に終わっています。

彼らの意見は、甚右衛門の名主役任命中止と仮名主任命ということで一致しました。

評定所メンバーの意見がまとまったことを受けて、郡奉行の岡嶋と金井が相談して、あらためて喜平太らから正式の願い書を提出させることにしています。

ここから、百姓から藩への願い書は、いきなり正式の手順を踏んで差し出されるのではなく、まずは内々に藩役人の意向を打診したうえで提出されたことがわかります。提出までに一手間かけた分、提出後はスムーズに事が運び、8月中には仮名主が決まっています。

このように、江戸時代の訴訟の過程では、内々に事を進めておいて、最終的には表向きの形式を整えるという手法がとられていたのです。今日の根回しにも通じるところがあるといえるでしょう。

※1　文政7年5月に、村の重要書類は甚右衛門から義兵衛に渡されましたが、以後も文政8年2月までは名目上は甚右衛門が名主のままでした。

●文政8年8月――評定所のメンバーが家老に上申した「仲裁案」

評定所での吟味の結果、文政8年8月には、職奉行・町奉行・郡奉行の6名が連名で、家老に次のような意見を上申しています。

南長池村の一件については、文政8年6月から評定所で吟味することになり、何度か関係者を喚問《かんもん》してきました。吟味の結果、原告（弥惣八派）・被告（義兵衛派）双方ともに、追放や所払《ところばらい》（※2）の処罰に該当する者が数人いることがわかりました。

すでに吟味は八、九分どおり進みましたが、こうした処罰をそのまま科しては、南長池村がこの先長く衰微してしまうのではないかとたいへん心配しております。

そうした折り、八幡堰《はちまんせぎ》用水組合22か村（後述）の代表が会合したときに、「われわれとしても、組合のメンバーである南長池村が衰亡していくのを見捨てるわけにはいかない」という話になったということです。そして、22か村側から、「ぜひとも、私たちに一件の仲裁役をさせてください」との内々の申し出がありました。

これを受けて再度われわれで評議したところ、前述のような処罰を下せば御仕置きの筋は行き届くでしょうが、そのためにかえって今後は村役人のなり手がなくなり、南長池村が長く藩に厄介をかける結果になってしまうだろうということになりました。

また、22か村の申し出ももっともなので、願いどおり22か村に仲裁させたいと思います。それでよいか、お伺いいたします。

この一件は、名主の後任をめぐる民事訴訟として始まりましたが、その後古役人の不正横領問題に発展したため、刑罰の対象になる者が出てきたのです。けれども、職奉行・町奉行・郡奉行は、法にもとづく処断よりも、仲裁者による和解を選択しようとしています（※3）。法による処罰が不可能だというのではなく、刑罰の執行が村に取り返しのつかない打撃を与えることを危惧しているのです。彼らは、裁判官であると同時に行政官でもありましたから、いかなる決着が効果的な村の立ち直りに結びつくかという政治的判断をも求められていたのです。

現代の三権分立や罪刑法定主義《ざいけいほうていしゅぎ》（いかなる行為が犯罪とされ、それにいかなる刑罰が科せられるかは、あらかじめ法律で定めておかなければならないとする主義）になじんだ私たちの感覚からすると違和感のあるところですが、杓子定規《しゃくしじょうぎ》な法の適用よりも、村の再建という将来の現実的効果を重視するという発想にも一理はあるといえるのではないでしょうか。なお、この上申は家老によって裁可されています。

※2　江戸時代の刑罰には追放刑があり、罪の軽重によって立入を禁止される範囲に差がありました。所払は、居村からの追放です。村に生活と生産の基盤を置いていた

※3

江戸時代の百姓にとって、村や近隣地域からの追放は深刻な打撃となりました。それは現代のわれわれが考える以上のものであり、だからこそ刑罰としての意味は十分あったのです。

文政8年9月2日に、職奉行岡野弥右衛門は郡奉行望月権之進《もちづきごんのしん》に、「立入人《たちいりにん》の調停が成功すれば、今後の村の平和のためには、藩が判決を下すよりははるかによい結果になると思います」と述べています。

また、文政8年9月に望月権之進は郡奉行金井左源太に、「この一件は、本来立入人に調停させるような性質のものではないのですが、村の盛衰に関わる大事な一件なので、特段の配慮をしなければなりません。また、筋を通すことだけを考えて処罰を下しては、かえって以後の村の平和に差し支えるでしょう」と述べています。やはり、調停による和解のほうがよいという意見です。

岡野・望月ともに、和解が判決に勝ると考えていたのです。

ただし、文政8年9月2日に、望月権之進は金井左源太に、「一村の盛衰に関わることなので、和解で解決すれば遺恨も残らず、村のためになると思います。ただし、八幡堰用水組合22か村には、『そのほうどもの申し出に任せるので、仲裁は勝手しだいに行なってよい』などと、代官あたりから内々に申し聞かせるくらいが妥当でしょう。一件の性格を考えると、評定所などではっきり仲裁に入るよう言い渡したりするのは、かえってどうかと思います。いずれにせよ、お上《かみ》が内済《ないさい》（和解）を好んでいると受け取られないようにしたいものだと存じます」と述べています。

望月は、この一件は筋からいえば藩が判決を下すべきものだと考えていたため、藩が正式に内済を指示するのは避けて、村々からの仲裁の申し出を内々に了承するというかたちをとるのが望ましいと判断したのです。

●「内済（和解）」のメリット、デメリット

江戸時代の裁判について考えるうえで、「内済（和解）」はひとつのキーワードになります。そこで、大平祐一氏の研究によりつつ、内済についてさらにくわしくみてみましょう。

内済とは、第三者が間に入って紛争当事者双方を和解させることです。この第三者を「扱人《あつかいにん》」「立入人」といいます。内済は、裁判の開始前にも、開始後にも行なわれました。裁判の担当役人は、当事者・扱人に内済の方向性を示して、内済を誘導（ときにはなかば強制）することもありました。内済内容は法廷で確認され、内済が成立した場合には判決は下されません。したがって、内済とは単なる当事者同士の和解で

はなく、領主が関与し、裁判制度の一環に組み込まれたものでした。

内済については、江戸時代から賛否両論がありました。

賛成派は、その理由として、内済の採用によって領主が裁許する裁判件数が減少することや、双方の納得にもとづく解決がなされることなどをあげています。

内済には、紛争当事者（個人や村）と仲裁者が自主的に合意形成に努力することを通じて、交渉能力、合意形成能力、文書作成能力などのさまざまな力量を向上させていくという効果もありました。そもそも、内済は村内および村々の間における一定の問題解決能力の存在を前提としていましたが、内済を繰り返し経験することによって、自主的に問題を解決する力はますます鍛えられていったのです。

内済は、時間と経費の節約にもなりました。裁判は判決まで時間がかかり、当事者はその間、江戸や城下に滞在していなければなりませんでした。そのためにかかる時間・出費・労力はたいへんなものでした。また、当事者双方の事情をよく知る仲裁者が内済に当たることによって、より妥当かつ合理的な解決に至る可能性がありました。

さらに、内済は訴訟当事者間の譲歩・妥協を具体的に引き出すので、内済には地域社会の決定的分裂を回避し、双方の対立関係を修復する効果もありました。

一方、江戸時代には内済反対派もかなりいました。その否定的評価の理由は、①内済においては理非の判断が明確に下されないため、結果的には「強い者勝ち」という事態が生じやすい、②こうした不合理な内済が裁判に代わるものとして強要される、というところにありました。

①に関しては、とりわけ武士と庶民との紛争において、「平民の理を非とし、武士の非を理とする」ような内済が行なわれていたことが問題視されており、民間には「御仁政《ごじんせい》（なさけ深い政治）には内済は不要である」という意見までありました。

②の内済の強要という点に関しては、裁判を行なう武士の側の事情として、不適当な判決を下して武士の権威を失墜させるような危険は避けたいということがありました。武士たちは、無謬《むびゅう》主義を貫き、裁判の権威を維持することを重視していたのです。そのため、武士たちは紛争をなるべく内済で処理させようと努めました。そこに、内済の強要が生じたのです。百姓にとっては、内済を拒否して裁許《さいきょ》（判決）に持ち込むこと自体容易ではなかったのです。

ただし、裁許と内済はまったくの別物だったわけではありません。裁許にも内済と共通する性格（理非の判断よりも当事者間の関係修復を重視する）があったことについては後述します。

以上みたように、内済は融通無碍《ゆうずうむげ》な解決法であり、訴訟ごとの個別事情によって、いかなる性格のものにもなり得たのです。すなわち、内済賛成派の言うような、原告・被告の双方が納得する合理的解決を導く場合もあれば、反対派の言うような、強い立場の者に有利な偏った結論に終わることもありました。賛成・反対両派の主張には、それぞれもっともな点があったのです。

2　村々の連合「組合村」による和解案

●仲裁を名乗り出た「八幡堰用水組合22か村」とは

話を、南長池村一件に戻しましょう。先の職奉行・町奉行・郡奉行からの上申書のなかに、仲裁役として「八幡堰用水組合22か村」というものが出てきましたが、これはいったい何でしょうか。それを説明するには、まず江戸時代における村同士のつながりについて述べなければなりません。

江戸時代も下るにつれて、村を越えた地域的結合が多様なかたちで生まれ、それが村人たちの生活にとって重要な意味をもつようになってきました。人びとの取り結ぶ社会関係が村の枠を越えて拡がり、村の機能を地域的結合が補っていったのです。

江戸時代の地域的結合は、村々の連合、すなわち組合村《くみあいむら》として展開したところに特徴がありました（村を単位としない社会関係〈商取引や親類関係のネットワークなど〉も多様に存在しましたが）。そして、八幡堰用水組合22か村とは、ひとつの用水系を共同利用する村々がつくった組合村だったのです。

江戸時代の農業生産には、水が不可欠でした。農業用水は、河川から幹線用水路が分かれ、そこからさらにいくつかの支線用水路が枝分かれして、各村に流れ込むのが一般的でした。用水路は、樹枝《じゅし》状に末広がりになっており、複数の村々が幹線用水路からの水を共同利用していたのです。ですから、上流の村が必要以上に取水すると、下流の村々が用水不足になる恐れがありました。

そこで、用水系をともにする村々が連合して用水組合（水利組合）をつくり、水の引き方や水路の維持・管理方法などを取り決めて、円滑な用水利用を図ったのです。公平な引水方法としては、水路の中に仕切りを設けて一定の割合で水流を分割する「分水《ぶんすい》」や、時間を決めて村々が順番に取水する「番水《ばんすい》」などが用いられました。

八幡堰用水組合22か村の話に戻ります。松代藩領を裾花《すそばな》川という川が流れていました。そして、村々では裾花川の途中に八幡堰という堰（取水のために川の途中に流れを遮《さえぎ》って造った構造物。信濃国では「せぎ」と言います）を造って流れを遮り、そこに取水口を設けて用水路へと水を引き込みました。用水路は下流でさらに枝分かれして、22か村の田を潤しました。

この用水路の水を分け合う村々のまとまりが八幡堰用水組合22か村だったのです。八幡堰の所で取水した用水を利用する村々の組合ということです。そして、南長池村も、22か村のうちに入っていました。

八幡堰用水組合は用水の共同利用のための組合村ですから、南長池村のトラブルを仲裁する直接の義務はありません。けれども、組合を構成する村のうちに治まりの悪い村があれば、それは組合全体の運営にも悪影響を及ぼしかねません。そこで、ほかの21か村が仲裁を買って出たわけです。1村限りでは収拾のつかない問題が発生したときには、普段からつながりのある村々が解決に尽力することによって、地域社会の平穏が保たれていたのです。

●提示された「和解案」を弥惣八派が拒否

文政8年9月以降、八幡堰用水組合の惣代（代表者）が代官の協力も得て調停を進めた結果、正確な時期は不明ですが、惣代による和解案が示されました。それは、次のような内容でした（以下の丸番号は84～86、99～102ページのそれと対応しています）。

①　古役人（又左衛門・義兵衛）が蓮証寺・中越村長十郎からの借金はあったと主張している点について。これはまったく古役人の私欲にもとづく偽りの主張というわけではないが、この間ずっと村方《むらかた》が困窮に陥っているなかで、古役人の取り計らい方（蓮証寺らへの借金返済を名目に、村人たちから金を集めていたこと）には行き届かない点があったようにも思われる。それが、小前《こまえ》たちの疑惑を招く原因になった。これまで双方の主張が対立し、互いに憤懣《ふんまん》を抱いている点については、扱人に預けてもらうということで、双方申し分なしとする。

②　出奔した善右衛門（77ページ）らの負債の有無・処理方法について（弥惣八派は負債などないと言い、義兵衛派はあると主張していました）。弥惣八派は、古役人の処理に不正ありとして追及しているが、これについては、古役人の側に不審を抱かれても仕方のない点があったのではないか。しかしながら、まったく私欲の取り計らいというわけでもない。

古役人の取り計らい方に不行き届きの点があったからこそ弥惣八たちが疑惑を抱

いたわけだが、これも弥惣八たちと義兵衛たちがもともと不和だったことに起因している。よって、双方の主張が対立し、互いに憤懣を抱いている点については、何とか扱人に預けてもらうということで、双方申し分なしとする。

③④⑤　名主の給与・松代までの往復費用・村方諸帳面非公開の件について。善右衛門が出奔して以来村全体が困窮し、村の財政運営や諸帳面の管理が混乱した。そのなかで、古役人の村財政運営のやり方について、弥惣八派の小前たちには納得できない点も出てきた。その上、もともと不和だったこともあって、財政運営に不正ありとの疑惑が重なっていったのである。

帳面の件については、扱人が事情を質《ただ》したところ、疑惑は晴れた。少々の書き間違いや計算間違いはあったが、これらについては不問に付す。

以後は村のためを第一に考え、村の財政運営についても、皆で誠実に相談しながら取り決めていくことにする。これまで双方の主張が対立し、互いに憤懣を抱いている点については、扱人に預けてもらうということで申し分なしとする。

⑥　又左衛門・義兵衛が中心的にかかわった不明朗な村財政について。弥惣八派は、彼ら２人の財政運営に疑惑ありと主張した。これに対して、又左衛門・義兵衛は不正を全面否定した。

この件については、２人が不正をしたという証拠はないが、小前への説明に不十分な点もあったので、以後は万事について村人たちがよく相談し、小前の末々まで正確な情報が行き渡るよう取り計らうべきである。

扱人は、個々の争点ごとに双方の主張を整理したうえで、全体としては「又左衛門と義兵衛の村運営に明確な不正行為はなかったが、小前たちの疑惑を招くような点があったことは否定できない」という立場をとっています。

そして、どの争点についても、「これまで双方の主張が対立し、互いに憤懣を抱いている点については、扱人に預けてもらうということで、双方申し分なしとする」という決まり文句を最後につけています。双方痛み分けで事を収めようという、玉虫色の和解案です。

現代の感覚からすれば、この案はたいへん曖昧なものにみえます。訴訟の前半で、お互い細かい数字をあげて争っていたのは何だったのかという気もしてきます（83ページ以下や99ページ以下をみてください）。また、藩の調査によって、古役人の村運営上の問題点が明らかになってきたことも、ここには反映されていません。

しかし、一般に江戸時代の訴訟においては、はっきりと黒白をつけることなく、双方の顔を立てるかたちで和解決着することが多かったのです。けっして、この和解案が例外だとはいえません。

けれども、この和解案は、弥惣八らが拒否したために不採用となってしまいました。弥惣八派はあくまで完全な勝利を求めたのであり、その点では、裁判とは黒白をはっきりつけるものだと考えるわれわれの感覚により近かったといえるでしょう。

3　判決、ついに下る

●文政10年2～12月――弥惣八派の求めにより、評定所で判決が下ることに

八幡堰用水組合22か村の惣代による調停は、文政10年2月に結局破談になってしまいました。弥惣八らは、あらためて藩による吟味を進めてくれるよう、代官所・職奉行所・郡奉行所・評定所などに次々と願い出ましたが、どこでも取り上げられませんでした。一件の複雑さと扱人による調停の失敗により、どの部局ももはや進んで引き受けようとはしなかったのです。ここに、一件は棚上げ状態となってしまいました。

そこで、弥惣八と和平は、文政10年11月に大目付（藩士の監察をする役職で、評定所の構成メンバーでもありました）に駆込訴《かけこみそ》を行ないました。２人は町宿に身柄を預けられたものの、願い自体は取り上げられ、あらためて評定所で吟味されることになりました。

しかし、この一件が複雑な性格をもち、決着をつけるのが困難であることには変わりありませんでした。弥惣八派の勝訴にすればすむというものでもなかったのです。決着のつけ方を誤れば、藩主の権威に傷がつくことにもなりかねません。

それでも今度は、家老が「もうこのへんで落着させよ」との内々の指示を出したこともあって、文政10年12月に、ついに評定所において裁許（判決）が確定しました。この判決は、職奉行・町奉行・郡奉行が評議した結果を、家老が承認して確定したものので、それは次のような内容でした。

南長池村で文政7年からおこった争いについて、これまで吟味してきた。原告（弥惣八派）・被告（義兵衛派）ともに疑わしい点があったので、関係者を牢に入れたりもしながら、数か月にわたって糾明を続けた。そのなかで、一件の関係者が多数に及び、争点も多岐にわたることがわかってきた。

そこへ、八幡堰用水組合22か村の惣代たちが、自分たちが仲裁に入って和解させたいと申し出てきたので了承した。ところが、惣代たちは、和解が不調に終わった旨を先日届け出てきた。

そうなった以上、また評定所での糾明を再開すべきところだが、争点が非常に込み入っていて容易に解決しそうもない。そうなると、関係者が負担する訴訟費用はいよいよ多額になり、そのうえ多くの者が重罪に処せられることは間違いない。しかしそれでは、南長池村全体が衰亡の危機に陥るだろう。それは不憫《ふびん》（哀れ）なので、関係者にはそれぞれ次のように申し渡す。

長百姓《おとなびゃくしょう》又左衛門・頭立《かしらだち》義兵衛ほか義兵衛派の7名

この者たちは、文政8年にたびたび吟味したところ、いろいろと不正な行ないがあり、それについては弁解の余地はない。しかしながら、今回は罪に問わないことにする。すでに文政8年5月には、「村人たちが和合して人の道に目覚め、村内で争うことのないようにせよ」という趣旨の書面を渡してある。村役人・頭立たちは、その趣旨を十分わきまえよ。今後たとえやむを得ない事情があろうとも、訴訟をおこしたりしたら、それはお上《かみ》に対して不埒な行ないとなると心得よ。

弥惣八・和平・忠兵衛《ちゅうべえ》（弥惣八派）

この者たちは、文政8年の吟味のときには、罪には問わずに牢から出し帰村を許した。そのときに、今後正しくないことや独善的なことを主張しないよう説諭しておいたが（199ページ）、彼らはそのことを忘却している。弥惣八などは、吟味中の身でありながら、先日は勘定所へ頭立惣代《かしらだちそうだい》（頭立の代表）としてやって来た。さらに、大目付に駆込訴までした。このように、説諭に背いたことは不埒である。

甚右衛門

この者は、名主を務めていたときに不正な取り計らいがあった。しかし、今回は罪に問わないことにする。また、吟味中の身でありながら、よそ者の利七を長期間家に滞在させたことは不埒である。

弥八（弥惣八派）

この者は、今回の一件に関して表裏のある取り計らいがあった（具体的には記されていません）。それを吟味したところ、弁解できなかった。供述書に沿って取り調べていけば重罪に当たるところであり、不埒である。

利兵衛とその倅《せがれ》・庄左衛門、善蔵

利兵衛は、一件に関して不埒な取り計らいがあった。庄左衛門・善蔵は、吟味中原告・被告の双方に荷担しており、「不実不義」の致し方である。こうした行為は村内が混乱するもとであり、不埒である（彼ら3人が、はじめは弥惣八らの側に立って、蓮証寺からの借金はなかったと言っておきながら、途中から借金はあったと180度主張を転換したことなどを指しているのでしょう）。

原告側小前惣代粂七・同七郎治・同音右衛門・被告側小前惣代喜平太ほか3名

この者たちも、ほかの者たちと同様に不埒であり、弁解の余地はない。

以上の申し渡しのなかでもっとも重大な点は、文政8年5月に下付した書面の趣旨（191ページ）を、誰も理解していないということである。ことに、文政10年春以来、代官がこの書面にもとづいて説諭を加えてきたにもかかわらず、心を入れ替えた者がいないのは不埒至極である。

しかし、前記の判断をふまえて、原告・被告・関係者に対するこれまでの吟味は白紙に戻して、全員をきっと叱りおくことにする。しかる上は、全員が、父母の代からひとつの村でまとまって暮らしてきたという絆を思いおこし、これからは水と魚のように仲良く交わっていかねばならない。

万一、この上かれこれと申し出てくる者がいたならば、それは文政8年5月の書面の趣意を理解せず、人の道をわきまえず、さらにこのたびの判決にも背くことになるので、特段の重罪に処するものとする。

●江戸時代の裁判の「4つの特質」

この判決書は、江戸時代の裁判の特質をよく表しています。

第1に、文政7年から3年以上にわたって吟味が続けられてきたにもかかわらず、事実と法理にもとづく判決が出されてはいないということです。原告・被告・関係者ともすべて一律に、「きっと叱りおく」という処分が下されています。喧嘩両成敗というったところで、まったく黒白はつけられていません。こうした判決もありだというのが、第1の特質です。

では、第2に、どうしてこのような判決が出されたのでしょうか。判決文には、

「争点が非常に込み入っていて容易に解決しそうもない。そうなると、関係者が負担する訴訟費用はいよいよ多額になり、そのうえ多くの者が重罪に処せられることは間違いない。しかしそれでは、南長池村全体が衰亡の危機に陥るだろう。それは不憫」であると書かれています。つまり、多数の処罰者と多額の経済的負担によって一村全体が衰微することを回避するために、こうした措置がとられたということです。南長池村では、この一件以前から「潰れ」百姓が続出していました。一件が長引けば、村の窮状がさらに加速する危険があったのです。

判決書の末尾には、「全員が、父母の代からひとつの村でまとまって暮らしてきたという絆を思いおこし、これからは水と魚のように仲良く交わっていかねばならない」と書かれています。ここからも、藩が、村の和合と存続を最優先していることがわかります。

藩の最大の収入は、領内の村々からの年貢です。年貢を確実に徴収するためには、安定的な村運営が行なわれ、村人たちが安心して農業に専念できる環境が整っていなければなりません。そのために、証拠や証言にもとづいて黒白をはっきりつけることよりも村の安定を優先するという、政治的判断にもとづく判決が採用されたのです。法律的判断よりも政治的判断のほうが上位におかれる場合があったというのが、江戸時代の裁判の第2の特質です。

第3点。判決書では原告・被告・関係者にそれぞれ不正・不埒な行為があり、それは重罪に値するものだと述べられていますが、にもかかわらず実際の処罰は「きっと叱り」、つまりきつく叱責するというだけの非常に軽いものでした。ここには、重い罪にもかかわらず軽い罰ですむのは藩のお慈悲のおかげなのだという、藩の考え方が表れています。藩は、こうして「慈悲深いお殿様」という領主像を百姓たちに感得させようとしていたのです。本当は重罪なのだと脅すことで、お慈悲のありがたさをいっそう実感させる、こうした領主の姿勢が第3の特質です。

第4点。判決書で、「以上の申し渡しのなかでもっとも重大な点は、文政8年5月に下付した書面の趣旨を、誰も理解していないということである」と述べられているように、百姓が武士の言いつけを守らない、すなわち藩の権威をないがしろにするということがもっとも問題視されています。

つまり、武士は百姓よりも道徳的に優れており、判断を間違うことはないのだから、その武士が言うことには無条件に従うべきであるという考え方が、判決書全体を貫いているのです。そこから、裁判では、藩の威光を損なわず、藩のメンツを保つことがもっとも重視されることになります。これが、第4の特質です。ただし、これは建前であり、その建前を現実のものとすることは、次節でみるように必ずしも容易ではありませんでした。

4　武士はなぜ、判決言い渡し当日を恐れたか

●文政10年12月——郡奉行による、判決言い渡し当日の「進行のシミュレーション」

判決が確定したら、次はそれを評定所で言い渡すことになります。それに先立って、郡奉行金井左源太が判決当日の進行計画をつくって、職奉行らに回覧しています。それは、次のようなものでした。

原告・被告・関係者を評定所へ呼び出し、まずひととおり名前を呼びます。そして、義兵衛・又左衛門らに対して判決の趣旨を言い渡し、「おまえたちの行ないは不埒ではないか。言い訳はできないだろう」と確認します。たぶん彼らは「恐れ入りました」と答えるでしょう。万一かれこれと申し述べても、押さえ込めばい

いと思います。

次は、弥惣八・和平らです。彼らにも判決の趣旨を言い渡し、「おまえたちの行ないは不埒ではないか。言い訳はできないだろう」と確認します。すると、おそらく彼らは、文政8年5月の書面の趣旨に反するようなことを言い出すでしょう。その際には、職奉行様のほうで押さえつけていただきたいと存じます。

彼らは、これまでの白洲での吟味の過程で、いったんは承伏しても、次の吟味では不承知だと供述を翻《ひるがえ》した前例があります。また、立入人たちに対しても、昨日と今日では正反対のことを述べることがたびたびありました。ですから、今回もまた、いろいろと偽りや巧言を申し立てるかもしれません。

そこで、皆様ご承知のことと思いますが、以前のことでお忘れかもしれませんので、念のため以下の点をお含み置き願います。

文政8年に、弥惣八らを牢から出して帰村を許したときには、それぞれ「そのほうどもは、長期間牢に入っていて哀れなので、吟味はすんでいないがひとまず牢から出すことにする。しかるうえは、正しい道に立ち返り、引き続き吟味を受けよ」「これまでに吟味は7、8割がた進んだが、まだ審理は終わっていない。しかし、八幡堰用水組合の惣代らが仲裁を申し出てきたので許可した。ついては、そのほうどもの帰村も許す。しかるうえは、立入人たちに対して不法不筋のことがないよう、慎んで相談せよ。もし、今後正しくないことや独善的なことを主張したならば、別途処罰を科す」と言い渡したと思います。

これまでの経過は以上のとおりだと思いますが、私も老年のため話が前後しているところがあるかもしれませんので、ご助言をよろしくお願いします。これまで弥惣八らに言い渡した前述の趣旨をふまえて、判決言い渡し当日に彼らの発言を押さえ込んでくだされば、彼らも承伏するのではないかと思います。

このようにわざわざ確認するのは指図がましくて何とも恐縮ですが、昨夜、皆様が「これまでの経緯をはっきり覚えていない」とおっしゃったので、判決当日はお殿様の名声に傷をつけずに、速やかに決着をつけたいあまりに腹蔵なく申し上げました。

続いて、利兵衛とその子・庄左衛門、善蔵の番です。庄左衛門・善蔵については、「そのほうどもが原告・被告双方に荷担したことは、百姓とはいえ男子にあるまじき恥ずべき行為であり、重罪を逃れることはできない。何と言おうと、弁解の余地はない」と言い渡すつもりです。

そのほか、原告側・被告側双方の小前惣代や関係者にも、一言言い渡します。

以上のようにそれぞれに言い聞かせたうえで、あらためて「判決書のとおりに申しつける」と宣告すればいいと思います。

以上の郡奉行の作戦に対して、職奉行岡野弥右衛門は、「これまでの吟味の経過については、あなた様が一番よくご承知ですので、場合によっては私ども（職奉行の2人）では言いかねることもあろうかと存じます。そのときは、あなた様がおっしゃるようなかたちで、しかるべく弥惣八らを押さえつけてくださるようお願いします」との意見を述べています。

もうひとりの職奉行石倉源五左衛門は、「弥惣八らの主張内容しだいで、押さえつけ方もあるだろうと存じます」と述べています。

●判決を下す奉行たちは、何を恐れていたのか

ここで、まず興味深いのは、担当の郡奉行が、判決の言い渡しに先立って、当日の進行計画を立てていることです。江戸時代の判決言い渡しは、奉行が判決書の文面を読み上げてそれで終わりではありませんでした。奉行が、判決文の趣旨に若干の説明を加えつつ口頭で言い聞かせ、それに対して原告・被告双方が「恐れ入りました」と

判決に従う旨を誓うという手順をふんだのです。

判決書を一方的に読み上げるだけでは、万一原告・被告が判決に不服であってもわかりません。そこで、原告・被告双方が判決の正しさを認めて、それを謹んで受け入れる旨を誓約するという手続きが必要とされたのです。その背景には、「領主のお裁きには誤りなどあり得ないのだから、百姓は恐れ入って承伏しなければならない。それによって領主の御威光はますます輝くことになる」という考え方がありました。

ただし、領主の威光が輝くためには、百姓が従順に恐れ入る必要があります。百姓が判決言い渡しに抗弁などすれば、逆に領主の権威は台無しになってしまいます。原告・被告に判決への承伏を明言させるという手続きは、この点において諸刃の剣だったといえるでしょう。そのために、郡奉行も、ただ判決書を片手に気楽に白洲に出ればいいというわけにはいかず、事前に詳細な進行計画を立てておく必要があったのです。

この進行計画をみると、義兵衛と又左衛門は判決に承伏するだろうと予想されています。それに対して、弥惣八らについては、これまでの彼らの態度から、今回も抗弁する可能性が想定されています。

そのため、文政8年に弥惣八らを牢から出して帰村を許した際の言い渡し内容が確認されています。すなわち、そのときには「正しい道に立ち返る」ことを条件とし、「今後正しくないことや独善的なことを主張したならば、別途処罰を科す」と言い渡しており、弥惣八らもそれに承伏したという事実を、郡奉行・職奉行間で再確認しているのです。

そうすることによって、仮に判決言い渡しの場で弥惣八らが抗弁したときには、「あのときは、『正しい道に立ち返る』とか、『正しくないことや独善的なことを主張』したりしないと誓ったではないか」というかたちで、弥惣八らを押さえ込もうというわけです。

もうひとつ進行計画で興味深いのは、郡奉行が、弥惣八らの抗弁の押さえ込みを職奉行に委ねようとしていることです。これまでの経緯を再確認したのも、そのためだったのです。これに対して、職奉行岡野弥右衛門は、「これまで吟味を主に担当してきたのは郡奉行所であるから、自分にはよくわからないところもある。よって、自分が発言できないこともありうるので、そのときは郡奉行たちが過去の経緯をもち出して弥惣八らを押さえつけてほしい」と述べて、あくまで郡奉行主体での判決言い渡しを求め、同役の石倉源五左衛門も、弥惣八らの出方によるとして、明確に自分が押さえつけるとは言っていません。

このように、郡奉行と職奉行は、弥惣八らの抗弁を封じ込める役をお互いに押しつけ合っているのです。うまく承伏させられなければ、お殿様の名声に傷がつくことにもなりかねず、そうなれば責任問題になってしまいます。ですから、奉行たちもたいへん気を遣っていたのです。

残念ながら、当日の白洲でどのようなやりとりが展開したかはわかりません。平穏無事にはすまなかったかもしれません。

いずれにしても、弥惣八らのような、武士に対しても臆することなく自己主張する百姓の出現によって、殿様の威光を輝かすはずの裁判が、逆にその権威を損なう場になる危険性が生まれてきたのです（※4）。そのため、判決を言い渡す奉行たちも、一見高い所から百姓たちを見下しているようでありながら、内心では百姓たちがどう出るか冷や冷やしていたことでしょう。そのために、事前に想定問答めいたものまでつくったり、担当者同士で入念に打ち合わせをしておく必要があったのです。

※4　松代藩領における強情者については、拙著『百姓たちの江戸時代』（筑摩書房〈ちくまプリマー新書〉、2009年）151ページ以下で、東寺尾村の兵助《へいすけ》の事例を紹介しています。

5　判決後も、村内の対立は続く

●文政11年1〜3月——村役人の選出をめぐって、またも弥惣八派が抗弁

ともあれ、以上のような判決が出されましたが、それでも村内の対立は解消しませんでした。今みたように、判決は大まかなものでしたから、訴訟で争われた具体的な問題については村内で話し合って解決しなければならなかったのです。

文政11年1月には、当時の仮名主・弥兵衛《やへえ》の後任を決めるために、各家の戸主たちによる寄合が開かれました。そこでは、庄兵衛《しょうべえ》が所持地も多く経済的にも安定しているということで、彼に頼もうということになりました。しかし、再三頼んでも、庄兵衛は病気を理由にあくまで固辞しました。

南長池村では、これまでの混乱がまだ収まっておらず、村全体が疲弊している状況だったので、そうしたなかで名主になれば、村運営の舵取りも難しいし、年貢や村入用もかなり立て替える必要が出てくるでしょう。そうした政治的・経済的負担を嫌って、なかなか名主のなり手がいないのでした。

困った仮名主・弥兵衛が代官に庄兵衛の説得を頼んだため、2月に庄兵衛はようやく名主就任を了承しました。

しかし、今度は長百姓が決まりません。庄兵衛は久右衛門にやってほしかったのですが、弥惣八・和平らがそれに反対したのです。

弥惣八らは、代官所から反対する理由を尋ねられて、次のように返答しています。

久右衛門は、義兵衛派の一員です。義兵衛派との訴訟によって村内は混乱し、村人たちは多額の訴訟費用を負担したために困窮してしまいました。

この一件については、文政10年12月に評定所で判決が言い渡され、あとは当事者同士和解するよう命じられました。しかし、いまだに和解は成立せず、義兵衛・又左衛門は村の財政から着服した金を村へ返しておりません。今まで取り立てられてきたいわれのない金や訴訟費用の精算もなされておらず、村内は混乱したままです。

こうした状況下で久右衛門が長百姓になれば何をするかわからないので、反対しているのです。

このように、弥惣八らは、義兵衛派との訴訟の際、義兵衛派のメンバーだった久右衛門を支持することはできないと主張しているのです。

これに対して、文政11年2月には、喜平太ら40人の戸主（村の全戸の半数弱）が代官所に組分《くみわ》けを願い出ました。組分けとは、村を2つの組に分けてそれぞれに村役人を置き、年貢も各組ごとに徴収・納入することです。完全に別の村になるわけではありませんが、実質的には村が二分されることになります。喜平太らはもともと義兵衛派でしたが、今回、義兵衛派の百姓たちだけでひとつの組をつくり、弥惣八派とは袂《たもと》を分かとうとしたのです。喜平太らは、村役人選出が難航しているのをみて業を煮やし、もはや弥惣八らとは村運営の面でいっさい関わりたくないとして組分けを願い出たわけです。

代官は、話がここまでこじれると、もはや自分の手には負えないとして、以後の処理を郡奉行に委ねています。

これを受けて、郡奉行は、弥惣八らの行為は、また一件を振り出しに戻して村方を混乱させるものだと判断しました。そして、とりわけ藩の下した判決に従わない行為である点を重くみて（判決書には、「万一、この上かれこれと申し出てくる者がいたならば、……このたびの判決にも背くことになるので、特段の重罪に処する」と記されていました）、彼らを牢に入れるなど厳しい態度で臨みました。

その結果、文政11年3月には、やっと久右衛門の長百姓就任が実現しました。いったん下った判決には、無条件で承服することが求められたのです。こうして、足かけ5年にわたった一件は、ようやく最終決着しました。

その後、天保年間（1830〜1844）には、義兵衛の子寿吉《じゅきち》が名主を、又左衛門が長百姓を務める一方、弥惣八も組頭に就任しています。弥惣八の組頭就任は、小前たちの村運営への関与が一定程度強まったことの表れでしょう。なお、弥惣八は、幕末まで名主・組頭などを歴任しています。紆余曲折を経ながらも、弥惣八と彼を支持する小前たちの村運営への発言権は強まり、義兵衛や又左衛門が長期にわたって村財政を専断するような状況はここに克服されたのです。

●たいへん貴重な松代藩の裁判記録

南長池村一件の関係文書は、松代藩において、のちのちのために、一件終了後も長く一括保存され、今日に伝わっています。本書も、そのおかげで執筆できたわけです。

こうした裁判記録の長期保存は、松代藩だけのことではありません。安藤正人氏によれば、松江藩の郡奉行所では、事件ごとにその裁判記録や関係文書をひとまとめにして、袋に入れて保存していたということです。後の裁判の参考にしたのでしょう。

江戸時代には、多くの藩で、こうした保存がなされていたと思われますが、今日では大部分が散逸してしまいました。今日まで裁判記録がまとまって伝えられているのは、松代藩や松江藩などごく少数の藩に限られており、その意味で松代藩の裁判記録はたいへん貴重な歴史史料だといえます。

●無礼討ちは「切り捨て御免」の特権ではなかった

先ほど、松代藩の奉行たちが、法廷において藩の権威を守るために腐心していたことをみました。武士はただ威張っていればよかったのではなく、権威を守るためにはそれ相応の緊張を強いられたのでした。そうしたあり方は、ほかの場面でもみられました。たとえば、無礼討《ぶれいう》ちがそうです。そこで、谷口眞子氏の研究によりつつ、無礼討ちにふれておきましょう。

百姓・町人が武士に対して悪口雑言《あっこうぞうごん》や無礼な振る舞いにおよんだときには、武士はその百姓・町人を切り殺すことが認められていました。これが無礼討ちです。いくつか、具体例をあげましょう。

①　寛文10年（1670）、岡山藩領でのことです。百姓八蔵《はちぞう》が、道で藩士山田重《じゅう》右衛門《えもん》とすれ違った際に、何かがひっかかったのか、重右衛門の衣服を破ってしまいました。重右衛門が八蔵を咎めたところ、八蔵は謝るどころか、もっていた鎌を

振るって立ち向かってきました。重右衛門はもっていた鉄砲で八蔵を殴りつけましたが、八蔵が抵抗をやめなかったため、大脇差《おおわきざし》で八蔵の肩先に切りつけたうえ、八蔵の首を打ち落としたのです。

②

文政10年（1827）6月29日に、岡山藩家老の家臣山形幸左衛門《こうざえもん》の子磯次《いそじ》は、武術の稽古仲間だった百姓栄蔵《えいぞう》に無礼な言動があったため、栄蔵に切りつけました。19世紀になると、百姓のなかにも剣術の稽古に励む者が増加しました。なかには、武士以上の技量をもつ者も現れたのです。この事件も、腕に自信のある栄蔵が、磯次を見下した発言をしたことが発端でした。

このときは、栄蔵が傷を負ったまま逃走したので、磯次は栄蔵の跡を追い、事情を聞いた磯次の父親と親類もともに栄蔵を追跡しました。そして、7月4日に、それまで食事もとらずに山中を逃げ回っていた栄蔵を発見し殺害したのです。この一件は、藩によって、正当な無礼討ちと認定されました。

③

長州藩士南方猪兵衛《いへえ》の長男源六《げんろく》は、百姓吉左衛門《きちざえもん》と、水田に引く水をめぐって争いになりました。そして、源六に悪口を言ったうえ、鍬《くわ》を振り上げて手向かってきた吉左衛門を組み伏せて殴りつけました。しかし、源六はそのとき刀を指していなかったため、吉左衛門にとどめを刺すことができませんでした。そこで、急いで家に刀を取りに戻った間に、吉左衛門は逃げてしまいました。

この事件に対して、藩は、吉左衛門を死刑にする一方、刀を差さずに外出した源六の落ち度を咎めて追放処分にしています。

以上みたように、百姓・町人による武士への無礼は、武士の名誉を侵害し、ひいては江戸時代の身分秩序を乱すものとして、命をもって償われねばならなかったのです。これは、幕末にいたるまで変わらぬ、幕府・諸藩の基本方針でした。武士が、支配身分としてその名誉を守ることは、身分制にもとづく社会秩序を維持していくうえで不可欠の条件だったのです。

ただし、無礼討ちは、無条件で認められたわけではありません。武士が行なった殺害行為が無礼討ちに当たるかどうかは、裁判によって判定されました。事件がおきると、討った側と討たれた側の双方から、領主の役所に届が出されます。

それを受けて、担当役人は、証拠調べや目撃者・関係者からの事情聴取、死体の検分などを行なって、殺害行為が無礼討ちに該当するかどうか、すなわち討たれた側に無礼な行為があったかどうかを判断したのです。無礼な行為があり、なおかつそれを咎められても謝罪しなかったり、口答えや抵抗をした場合には、無礼討ちが妥当だと認められました。

しかし、なかには武士の実力行使が無礼討ちと認められないこともありました。万一、手討ちが無礼討ちに該当しないと判定された場合には、その武士は改易《かいえき》（武士の領地・屋敷・給米を没収し、武士身分を剥奪すること）になりました。

逆に、無礼があったにもかかわらず、無礼討ちをしなかった場合も改易となりました。無礼がないのに手討ちをした場合も、逆に無礼があったのに無礼討ちをしなかった場合も、ともに武士にあるまじき行為として、当人は武家社会から追放されたのです。

武士には、常に、百姓・町人の言動に注意を払い、それが無礼な行為かどうかを瞬時に判断して、適切な対応をとることが求められたのです。その意味で、無礼討ちは武士が随意に実行できる「切り捨て御免」の特権ではなく、武士に課された義務だったのです。

武士は、身分的には百姓の上位にいましたが、けっして威張り放題だったわけではありません。むしろ、身分にともなう名誉と権威を守るために、常に緊張を強いられる一面もあったのです。法廷における百姓への対応の仕方も、そして無礼討ちも、そのことを物語っているのです。

結論　裁判からみえてくる「百姓と武士の関係」

●江戸時代の裁判の特質

ここで、江戸時代の裁判の特質についてまとめましょう。

南長池村の一件において、松代藩は、「本来なら重罪だぞ」という脅しをちらつかせつつ、実際には寛大な処置を下しました。そうすることによって、領主の慈悲を下々《しもじも》に感得させようとしたわけです。このように、藩にとって、判決の言い渡しとは、慈悲深く正しい政治を行なう領主と、それに素直に従う実直な百姓という、あるべき武士と百姓の関係を再確認していく場なのでした。そこには、藩の威光と慈悲を百姓たちに知らしめるという政治的意図がはたらいていたのです。

藩にとっては、領内の村々が平穏無事であることが、藩の善政が行き渡っている何よりの証拠でした。ですから、判決においても、当事者たちが遺恨を残さないようにするための配慮がなされました。反対に、判決に服さず平穏を乱す者には、藩の威光を傷つけるものだとして厳しく臨んだのです。このように、裁判の背後には、藩の統治の正しさを確認するという政治姿勢が貫かれていました。

ときには、藩の役人が内意を示して、当事者の供述を誘導することもありました。このように、江戸時代の裁判は、純粋に事実と法に則って理非を明らかにするというものではなかったのです。

また、そこには武士の非は認めないという傾向がありました。百姓が藩役人の措置を問題にしても、それは正面から取り上げられないのです。藩側のやり方に誤りはないという姿勢を貫こうとしているわけであり、この点で藩の吟味には百姓よりも藩役人の肩をもつという政治的判断が加えられていたといえます。そこには、武士の判断は百姓のそれよりも正しいとする身分的優越意識も表れています。

しかし、だからといって、江戸時代の裁判が恣意《しい》的で不公平だったと決めつけることはできません。一方では、証拠調べや情報収集、当事者の尋問などがかなり徹底してなされ（筆跡鑑定までしていました）、また多くの藩役人が吟味に関わるなかで、大方の納得する判決が模索されていくという側面もあったのです。

この両側面を兼ね備えているところに、江戸時代における裁判の特質がありました。こうしたなかで、百姓たちは、一面では武士を大枠では信頼してどんどん訴訟をおこすとともに、裁判の過程で納得がいかなければ、武士に対しても遠慮なく自己主張しました。最終的には武士が何とか体面を保って決着しましたが、自己主張する百姓によって裁判の大原則（内済《ないさい》〈和解〉重視・当事者の関係修復最優先など）は徐々に揺らいでいきました。ここに、百姓と武士の関係の基本的なあり方と、それがしだいに動揺していくようすがみてとれます。

●南長池村の一件からみえてくる、百姓と武士の関係

南長池村の一件と藩の吟味経過からは、江戸時代の百姓と武士の関係について、次のような特徴がみえてきます。

藩の吟味の基本方針と、百姓側の扱人（八幡堰用水組合惣代）の仲裁方針には、共通する考え方がありました。それは、理非の判断を明確に下さず、両当事者間の関係修復と村方和合を最優先するという点です。はっきり黒白をつければ、敗訴したほうは恨みを抱き、のちのち村内の人間関係がギクシャクすることになります。それを避けようとしたのです。

このように、争いごとを解決する際の方向性において、百姓と武士は身分を越えて大枠で一致していたのです。それをよく示すのが内済（和解）です。江戸時代の訴訟の多くは、内済によって解決しました。扱人には百姓や町人がなり、武士もそれを後押ししました。そして、内済は、両当事者間に遺恨を残さないように配慮しながら行

なわれたのです。

武士たちは、自らが直接判決を下して敗訴した側から恨みを買うよりも、内済による解決のほうが勝ると考えていました。判決を下す場合も、内済同様、判決内容が両当事者間の関係改善につながるような配慮がなされました。

当事者の百姓たちも、藩が徹底的に吟味を加えればどのような処罰が下るかわかりませんし、吟味が長引けば訴訟費用が嵩《かさ》んで村全体が衰微するもとになりますから、内済は一面では望ましいものでした。このような藩・百姓双方の思惑の一致により、内済は裁判の重要な構成要素になっていたのです（ただし、これは基本的に民事訴訟の場合であり、刑事訴訟においては犯罪者に過酷な刑罰が科されることも多かったのです）。

現代のわれわれの多くは、できれば裁判には関わりたくないと考えていますが、江戸時代の百姓たちは違っていました。不満や要求があれば、どんどん訴訟をおこしたのです。江戸時代は、「健訟社会」だったといえるでしょう。そして、「健訟社会」の背景には、前記のような江戸時代の裁判事情がありました。

すなわち、裁判をおこしても、全てを失うような結末にはならないだろう、仲裁者が双方が納得できる落としどころをうまくみつけてくれるだろうという安心感に後押しされて、百姓たちは比較的容易に訴訟に踏み切る決断をなし得たのです。訴訟に踏み切るためのハードルは、むしろ現代よりも低かったかもしれません。

村には、村掟《むらおきて》という固有の法がありました。村掟に背けば、村の制裁が待っていました。百姓たちは、村掟によって独自の法的世界を確保するとともに、村同士の争いや村を二分する争いなど村掟では解決できない問題については、どんどん領主に訴え出たのです。

●江戸後期、百姓たちの「訴訟技術」が向上

江戸時代も後期になると、訴訟の経験を重ねることによって、全般的に百姓たちの訴訟技術は向上しました。それは、百姓の訴訟主体としての成長を意味しています。

しかし一方では、領主の意向を敏感に察知して、それに迎合して虚偽の証言をする者も現れました。百姓の「訴訟知」の発達は、一面では領主にすり寄る者を生み出し、それによって領主の権威を補強する場合もあったのです。南長池村の百姓たちが雪崩をうって転向したのは、その一例です。百姓たちは、時にしたたかで狡猾《こうかつ》でもありました。また、東寺尾村の三郎治のように、身につけた訴訟テクニックを利用して、あちこちの訴訟に介入する者まで現れたのです。

「訴訟知」の発達は、また違ったタイプの百姓も生み出しました。その典型が弥惣八

です。彼は、内済を拒否し、あくまで藩による明確な裁許《さいきょ》を求めました。内済によって丸く収めるという裁判の大原則は、彼には通用しなかったのです。藩役人は大いに困り、結局裁許を下しましたが、弥惣八はそれ以後も自己主張をやめませんでした。

彼のような強情者の出現により、藩の御威光主義・権威主義は揺らぎはじめました。武士たちは、百姓同士の争いは百姓に仲裁させ、自らは局外に立って内済結果にお墨つきを与えることで、百姓から超越した権威を保ってきました。それがしだいに通用しなくなり、明確な裁許が求められるようになってきたのです。

そうなると、事実と法理にもとづいた判決によって当事者を納得させられなければ、担当役人ひいては藩全体が百姓たちの批判の的になってしまいます。ある意味では近代以降の裁判につながるような、新しいかたちの裁判が必要となってきました。こうして百姓と武士の関係は、「自己主張する強情者」の増加によって、しだいに変化していったのです。

江戸時代の後期には、村や地域における自治の発展、生産力の上昇による民富の蓄積、寺子屋の普及による百姓の文化水準の向上、こうしたさまざまな要因によって、百姓たちの政治的・経済的・文化的力量は高まっていきました。こうした民力の上昇を背景として、百姓たちは武士に対して「もの申す」ようになります。その先頭に立っていたのが、弥惣八ら「自己主張する強情者」だったのです。

弥惣八は、主観的には、村財政健全化による村の再建を意図していましたし、藩に裁許を求めるという点では領主に依存していたといえます。彼はあくまで村に生きる百姓であり、けっして村を捨てたり領主を見限ったりしたわけではありません。担当役人には強く自己主張しながらも、武士が百姓を裁くこと自体は大前提として認めていたのです。

にもかかわらず、客観的には、弥惣八が内済による穏便な解決を拒否することにより、内済重視・関係修復最優先という裁判のあり方は緩やかに機能不全を引きおこしていきました。弥惣八が、藩の裁判を容認してそのなかで自己主張すればするほど、裁判の基本的なあり方自体が揺らいでいくという結果になったのです。

南長池村一件のような事例は、松代藩領のみならず全国各地において広範にみられたもので、けっして特殊事例ではありません。松代藩は、情報収集機能の強化や法制の整備など裁判制度の一定の改革を行なって、こうした動向に対処しようとしました。文政6年（1823）に藩主になった真田幸貫《ゆきつら》は、同8年に刑法典たる「御仕置《おしおき》御規定《ごきてい》」を制定したり、隠密《おんみつ》を使って民間情報の収集に努めたりしたのです。これらは、事実と法に則った裁判へと向かう動きでした。

しかし、それでも裁判の基本的なあり方を変更するまでにはいたらず、したがって弥惣八ら強情者の要求に十分に応えることはできませんでした。ここに、武士の自己改革の努力と、同時にその限界をみることができます。

こうして、江戸時代の百姓と武士の関係は緩やかに、しかし確実に変化していきました。歴史の主人公は、武士だけではありません。また、歴史の変化は、百姓一揆のような大事件によってのみおこるのでもありません。

懸命に生きる百姓たちの、ひとつひとつは些細な行動のなかにも、実は時代を動かす大きく静かな力がはらまれているのです。「はじめに」でご紹介した田中丘隅《たなかきゅうぐ》が、「百姓の公事《くじ》（訴訟・裁判）は、武士の軍戦と同じである。……百姓は戦はできないので、法廷に出て命がけで争うのである。国土を賭けた軍戦と同様に、国を動かすほどの大きな公事も、その多くはただひとりの心の内からおこるものである」と述べているのは、まさにこのことです。

こうした百姓たちの営為を丹念に掘り起こしていきたいというのが、私の基本的立場であり、そのひとつの具体的成果が本書だといえます。ひとつの村のひとつの小さな事件からも、江戸時代の基本的特質と、そのダイナミックな変化の方向をつかみ取ることができるのです。これは全国どの地域についてもあてはまることであり、そこに村と百姓を研究する面白さがあります。

本書を通じて、江戸時代の百姓と武士のリアルな関係の一端をご理解いただけたなら、これに過ぎる幸いはありません。

おわりに

本書は、江戸時代の百姓たちのたくましさを、訴訟・裁判における武士とのやりとりを通じて描いたものです。

私は、本書の「はじめに」において、「もの言わぬ悲惨な民としての百姓像は、実態からはほど遠いと言わざるを得ません。実際の百姓たちは、自らの利益を守るためには積極的に訴訟をおこし、武士に対しても堂々と自己主張をしていたのです。そうした『もの言う民』としての百姓の姿を明らかにして、従来の百姓像を転換したいというのが、本書の大きな目的です」と述べました。

本書を書き終えて、この目的はある程度達成できたように思いますが、読者の皆さんのご感想はいかがでしょうか。

本書には、「もの言う百姓」がたくさん登場します。そして、彼らの自己主張の仕方もそれぞれ個性的です。牢に入れられようとも、武士に対して自らの主張を曲げない弥惣八。弥惣八と正面からぶつかって引かない義兵衛・又左衛門。機を見るに敏で、抜け目なく勝つほうに付こうとする利兵衛親子。訴訟の専門知識を駆使して、原告・被告の間で暗躍する三郎治。

彼らのなかには、村のためを第一に思う者も、自分本位の者も、そして大勢に順応する者もいました。彼らの多様な思惑のぶつかり合いのなかで、裁判は展開していったのです。江戸時代後期には、こうした「もの言う百姓」たちによる訴訟が全国各地で無数におこされました。その膨大《ぼうだい》な積み重ねのなかで、百姓と武士の力関係は少しずつ百姓の側に有利に傾いていきました。歴史の大きなうねりは、ひとりの英雄ではなく、多数の無名の庶民によってつくり出されたのであり、英雄たちはこの大きなうねりに乗り、それをリードすることによって、はじめて英雄たり得たのです。

本書の記述は、すべて江戸時代につくられた史料（古文書）にもとづいています。南長池村一件の関係史料は、松代藩真田家文書のなかに含まれています。真田家文書は、現在、国文学研究資料館（東京都立川市）に所蔵されており、史料目録も刊行されています。真田家文書のなかには、ほかにも「もの言う百姓」がおこした訴訟・裁判の史料が多数含まれていますので、ご関心のある方はぜひ一度同館をお訪ねになってみてください。

また、皆さんがお住まいの地元にも、かなりの確率で、江戸時代には「もの言う百姓」がいたのではないかと思います。彼らの掘り起こしも、郷土の歴史を調べる面白さのひとつではないでしょうか。

本書を書き上げる過程では、前著（『百姓たちの幕末維新』草思社、２０１２年）に続いて、貞島一秀さんに多くの貴重なコメントをいただきました。複雑に絡み合った一件の経過が、少しでもわかりやすく述べられているなら、それはすべて貞島さんのおかげです。ここに記して、厚くお礼申し上げます。

私自身も引き続き、松代藩領をはじめ全国各地の「もの言う百姓」たちの声を（大きな声だけでなく、小さな声も聞き漏らさないようにして）現代に届ける「伝声管《でんせいかん》」の役割を果たしていきたいと思います。

２０１２年11月

渡辺尚志

文庫版あとがき

本書では、信濃国の南長池村を舞台に、武士に「もの言う」百姓たちの姿を描いてきました。19世紀には、こうした武士に「もの言う」百姓たちが全国各地にたくさん現れてきました。南長池村の事例は、けっして例外的なものではありません。それを示すために、ここでは、松代藩領と隣接する須坂《すざか》藩領にいた「もの言う」百姓をご紹介しましょう。

須坂藩は領地の石高1万石余の小藩で、藩主は堀家でした。須坂藩も、ほかの多くの藩と同様に、幕末には多額の借金を抱えていました。そこで、藩政当局者は財政再建のために領民に過重な負担を押し付け、領内では賄賂が横行していました。

須坂藩の領内に、土屋坊村《どやぼうむら》という村がありました。同村は千曲川《ちくまがわ》の川沿いにあったため、日頃から千曲川の氾濫に苦しめられていました。そこで、洪水を防ぐための堤防を築こうとしましたが、対岸の村が反対したため、治水工事をめぐって対岸の村との争いになりました。そうしたなかで、土屋坊村の百姓代だった民蔵《たみぞう》は、文久《ぶんきゅう》元年

（1861）12月に、藩に次のような内容の直訴状《じきそじょう》を差し出しました（以下は、主要部分を意訳したものです）。

土屋坊村では、治水工事の実施を再三にわたって藩にお願いしてきました。しかし、対岸の村が藩役人に賄賂を渡していることもあって、藩役人の指示がコロコロ変わるので困っています。土屋坊村でも、仕方なく藩役人に賄賂を渡しましたが、土屋坊村は小さな村のため十分な賄賂を出せなかったので、私どもの主張は通らず、どうすることもできない苦境に陥っています。

私どもの村に限らず、今では物事がすべて賄賂によって決まり、賄賂を出さないと正当な願いも認められません。こうした実情を訴え出る者もおりません。御役人様のなかに正論を主張する方がいてもたちまち抑えつけられてしまい、御役人様方の地位や役職も賄賂によって決まるありさまで、それは下々《しもじも》が難渋する元になっています。

今、仁政《じんせい》（百姓たちを慈《いつく》しむ良い政治）が行なわれなければ、領内村々の百姓たちは、土屋坊村と同じように、村にいられないような危機的状況に陥ってしまうでしょう。それでは、御家の一大事になってしまいます。それはあまりにも恐れ多いことですので、御領主様の権威をもはばからず、身命をなげうってここに申し上げるしだいです。こうした忌憚《きたん》のない直訴をしたことで、私が重い刑罰に処せられたとしても、その代わりに仁政が実現したならば、私も死後の面目《めんぼく》が立つというものでございます。

これは、民蔵の命を懸けた藩政批判です。たとえ死刑になろうとも言うべきことは言うという強い覚悟をもって、賄賂が横行し仁政が行なわれない現状を痛烈に批判しているのです。この直訴状は、『長野県史　近世史料編　第八巻（一）北信地方』に収録されており、そこで原文を見ることができます。

この直訴を受けた藩主堀直虎《なおとら》は、「民蔵の直訴は、一見百姓の立場を逸脱した申し立てのようだが、これは藩政当局者の不正を見かねておこしたものであり、やむにやまれぬ至誠から出たものである。よって、処罰する必要はない」と述べて、むしろ民蔵の直訴を歓迎しました。そして、逆に藩政当局者を処罰し、藩政改革を実行したのです。一人の「もの言う」百姓の訴えが、藩の政治改革に結びついたといえます。こうした「もの言う」百姓は、読者の皆さんの地元にもいたのではないでしょうか。

彼らの生活に根差した訴えが政治を変え、時代を動かしていきました。そこには、一人一人の民衆が正しいと思うことに臆せず声をあげていくことの大切さが示されているように思います。私は、これからも村に視点を定めて、そうした百姓たちの声に耳を傾けていきたいと思います。

２０２２年３月

渡辺尚志

参考文献

安藤正人『江戸時代の漁場争い』（臨川書店、1999年）
石井紫郎『日本人の国家生活』（東京大学出版会、1986年）
石井良助『江戸の刑罰』（中央公論社、1964年）
稲葉継陽『日本近世社会形成史論』（校倉書房、2009年）
大平祐一「近世の訴訟、裁判制度について」（『法制史研究』41号、1992年）
大平祐一「近世の合法的『訴訟』と非合法的『訴訟』」（藪田貫編『民衆運動史3　社会と秩序』青木書店、2000年、所収）
大平祐一『目安箱の研究』（創文社、2003年）
大平祐一「内済と裁判」（藤田覚編『近世法の再検討』山川出版社、2005年、所収、のち同氏著『近世日本の訴訟と法』創文社、2013年、所収）
小早川欣吾『増補　近世民事訴訟制度の研究』（名著普及会、1988年）
杉本史子『領域支配の展開と近世』（山川出版社、1999年）
高木昭作『日本近世国家史の研究』（岩波書店、1990年）

高橋　敏『江戸の訴訟』（岩波書店、１９９６年）
高橋　敏『江戸村方騒動顛末記』（筑摩書房、２００１年）
ダニエル・V・ボツマン『血塗られた慈悲、笞打つ帝国。』（小林朋則訳、インターシフト、２００９年）
谷口眞子『近世社会と法規範』（吉川弘文館、２００５年）
辻　達也『大岡越前守』（中央公論社、１９６４年）
平川　新『紛争と世論』（東京大学出版会、１９９６年）
平松義郎「近世法」（『岩波講座日本歴史11　近世３』岩波書店、１９７６年、所収、のち同氏著『江戸の罪と罰』平凡社、１９８８年、所収）
保坂　智「百姓一揆――その虚像と実像」（辻　達也編『日本の近世10　近代への胎動』中央公論社、１９９３年、所収、のち同氏著『百姓一揆と義民の研究』吉川弘文館、２００６年、所収）
水本邦彦「公儀の裁判と集団の掟」（『日本の社会史５　裁判と規範』岩波書店、１９８７年、所収、のち同氏著『近世の郷村自治と行政』東京大学出版会、１９９３年、所収）
八鍬友広『近世民衆の教育と政治参加』（校倉書房、２００１年）
渡辺尚志編『藩地域の構造と変容――信濃国松代藩地域の研究――』（岩田書院、２００５年）
渡辺尚志『近世の村落と地域社会』（塙書房、２００７年）

*本書は、二〇一二年に当社より刊行した著作を文庫化したものです。

草思社文庫

武士に「もの言う」百姓たち
裁判でよむ江戸時代

2022年 4月 8日　第1刷発行

著　　者　渡辺尚志

発 行 者　藤田　博

発 行 所　株式会社 草思社

〒160-0022　東京都新宿区新宿1-10-1
電話　03(4580)7680(編集)
　　　03(4580)7676(営業)
　　　http://www.soshisha.com/

本文組版　鈴木知哉

印 刷 所　中央精版印刷 株式会社

製 本 所　中央精版印刷 株式会社

本体表紙デザイン　間村俊一

ISBN978-4-7942-2576-4　Printed in Japan